智媒生态下
视听主流媒体发展研究

Research on the Development of Audio-visual Mainstream
Media under the Intelligent Media Ecology

高宪春 ◎ 著

图书在版编目（CIP）数据

智媒生态下视听主流媒体发展研究 / 高宪春著. —成都：四川大学出版社，2022.12
ISBN 978-7-5690-5910-6

Ⅰ. ①智⋯ Ⅱ. ①高⋯ Ⅲ. ①传播媒介－研究 Ⅳ. ① G206.2

中国国家版本馆 CIP 数据核字（2023）第 003260 号

| 书　　名：智媒生态下视听主流媒体发展研究 |
| Zhimei Shengtai xia Shiting Zhuliu Meiti Fazhan Yanjiu |
| 著　　者：高宪春 |

- 选题策划：罗永平　王　冰
- 责任编辑：罗永平
- 责任校对：吴近宇
- 装帧设计：墨创文化
- 责任印制：王　炜

- 出版发行：四川大学出版社有限责任公司
  - 地　址：成都市一环路南一段 24 号（610065）
  - 电　话：（028）85408311（发行部）、85400276（总编室）
  - 电子邮箱：scupress@vip.163.com
  - 网　址：https://press.scu.edu.cn
- 印前制作：四川胜翔数码印务设计有限公司
- 印刷装订：成都金阳印务有限责任公司

- 成品尺寸：170mm×240mm
- 印　张：12.25
- 插　页：2
- 字　数：215 千字

扫码查看数字版

- 版　次：2023 年 1 月 第 1 版
- 印　次：2023 年 1 月 第 1 次印刷
- 定　价：58.00 元

四川大学出版社
微信公众号

本社图书如有印装质量问题，请联系发行部调换

版权所有 ◆ 侵权必究

目 录

绪 论 ………………………………………………………………… 1

第一章 视听主流媒体"复合化"发展 ………………………… 12
第一节 视听新媒体的发展 ………………………………… 12
第二节 视听媒体复合化的启示 …………………………… 17

第二章 视听主流媒体交互传播的思维变化 …………………… 25
第一节 无互动不传播视听场景的形成 …………………… 25
第二节 作为社交关系链的构建 …………………………… 29
第三节 视听主流媒体互动的突破 ………………………… 37

第三章 视听主流媒体多平台发展 ……………………………… 49
第一节 "内容+平台"新视听生态的形成 ………………… 49
第二节 视听内容和平台均衡发展 ………………………… 52
第三节 平台型视听主流媒体的构建创新 ………………… 57
第四节 从内容到平台转型的实践 ………………………… 64
第五节 "内容+平台"转变的反思 ………………………… 72

第四章 视听主流媒体服务 4.0 扩展 …………………………… 76
第一节 以视听信息服务为中心的转变 …………………… 77
第二节 视听信息融合技术流程的转变 …………………… 82

第五章　视听主流媒体新闻报道的发展…………………………………91
第一节　视听新闻报道变化………………………………………91
第二节　视听主流媒体新闻报道的探索……………………………98
第三节　数据可视化新闻报道的发展………………………………104

第六章　视听主流媒体的节目创新…………………………………111
第一节　新综艺视听思维的融入发展………………………………111
第二节　视听主流媒体对网络直播的借鉴…………………………121

第七章　视听主流媒体文化的构建…………………………………131
第一节　新视听媒体文化的冲击……………………………………131
第二节　新视听媒体文化日常化……………………………………135
第三节　视听媒体文化场景化………………………………………141
第四节　视听媒体亚文化的融入……………………………………149
第五节　视听媒体文化构建的突破…………………………………153

第八章　视听主流媒体新技术应用发展趋势………………………159
第一节　新型视听主流媒体生态圈构建……………………………159
第二节　基于区块链技术的视听主流媒体应用趋势………………168
第三节　视听主流媒体融入元宇宙的趋势…………………………177

结　语………………………………………………………………186

参考书目……………………………………………………………189

后记：拥抱智能新趋势……………………………………………191

绪　论

"视听媒体"这一术语最早见于 1945 年美国全国教育协会有关该会视听教学业务部宗旨和作用的提纲中,是指在传播信息的过程中,主要以声音或图像为载体,作用于人的视听感觉器官的媒体。① 从这一概念出发,视听媒体主要包括电视、广播、电影等媒体。

随着信息传播技术的发展,视听传播呈现出新样态、新趋势。视听媒体以电子化、数字化、网络化、智能化、跨媒介化、平台化、交互化等形态不断扩展其类型,形成了电视智能视听媒体(有线数字电视、直播卫星电视、地面数字电视、手机电视、IP 电视、网络电视、移动电视等)、广播智能视听媒体(智能可视广播、网络广播等)、报社等智能视听媒体(报社等融合智媒技术形成的数字化复合视听媒体)等。

本书中的"视听主流媒体"是在这一扩展基础上进行的界定,是指国内以中央电视台、中央人民广播电台、新华社、《人民日报》、《光明日报》等中央级新闻媒体和各省级广电及党报等区域性媒体为主体,面对社会主流受众,运用多种智能技术和主流表现方式,体现社会主流观念和主流生活方式,具有较大影响力、权威性、覆盖面广的视听媒体。其在我国智媒生态格局中占据着重要的位置。

恩格斯指出,"一些划时代的体系的真正的内容都是由于产生这些体系的那个时代的需要而形成起来的"②。智媒生态下,传统视听主流媒体界限分明的单渠道传播模式已经被打破,各种视听媒体在统一而又多元化的数字平台上

---

① 参见蒋志辉、胡许平:《视听媒体在教育教学中的实例应用研究》,《湖南科技学院学报》,2011 年第 4 期。

② 《马克思恩格斯全集》(第 3 卷),人民出版社,1960 年版,第 544 页。

实现融合，交互式的视听传播成为主流，视听主流媒体和视听用户之间的传受关系发生了改变，成为立体化视听网络中的关联节点，视听主流媒体主导的视听传播格局也随之发生变化。

一、研究背景

智媒生态背景下，国内以中央电视台、中央人民广播电台、新华社、《人民日报》、《光明日报》等中央级新闻媒体和各省级广电及党报等区域性媒体为主体的视听主流媒体，在新视听媒体环境格局中占据着重要的位置。而由其为主构建起来的视听媒体矩阵，与多元化的视听平台、社交平台等相融合，成为立体化视听网络的有机部分，构建起新的大视听智媒网络。对视听主流媒体而言，变化的是媒介、是技术、是终端，不变的是用户的视听需求，是视听主流媒体在视听传播格局中所承担的职责。视听主流媒体能否运用媒体融合的新思维、新观念来满足人们日益增长的精神文化需求，满足人们多元化的视听需求，成为其在智媒生态下发展是否成功的最终评判标准。

智媒生态的形成是与新媒体融合过程同步进行、互构互塑的过程。媒体融合促成了智媒生态的发展，智媒生态的不同阶段又为媒体融合发展提供可能，形成互构互塑的关系。智媒生态下，视听主流媒体的新媒体融合发展过程：首先是政府政策构建新型主流媒体的推动，其次是商业资本获得最大视听用户市场份额的推动，再次是用户主动追求精神文化生活需求满足的推动，最后是视听主流媒体本身生存发展以及担当社会责任的推动。这四种力量共同推动着视听主流媒体的融合发展，构成了视听主流媒体发展研究背景。

（一）政府政策推动视听媒体融合发展

作为国家战略，视听主流媒体融合得到了中央的高度重视，从顶层设计融合推进，党中央国务院一系列重要政策文件对媒体融合做出部署。国家"十三五"规划提出，以先进技术为支撑、内容建设为根本，推动传统媒体和新兴媒体在内容、渠道、平台、经营、管理等方面的深度融合，建设"内容＋平台＋

终端"的新型传播体系。① 2022 年中央广播电视总台召开了 2022 年全台工作会议、2022 年党建工作会议、2022 年经营工作会议和 2022 年技术工作会议等四场会议，不断强调努力推进媒体融合深入发展，对智媒生态下视听主流媒体的构建提出了方向性、策略性的意见和要求。

视听主流媒体在整个视听格局中具有重要的位置。各级视听主流媒体也将新媒体融合及智慧媒体列入重点项目，加强了政策支持和资金投入，正在逐渐建立起融媒体中心，进一步整合本级视听主流媒体的人力、财力、物力等，打通本级视听主流媒体各频道及新平台，"两微一端一网站"视听内容发布常态化，以 AI 技术等融合联动，视听资源共享，特色制作，形成视听媒体矩阵等。目前各级视听主流媒体基本都已建有融合媒体中心，整合了各频道的新闻资源，进行多元化的视听传播。

同时，视听主流媒体借助新视听智能技术及视听 App 应用，融合本地域的各种视听资源。如江苏的"荔枝云"、浙江的"蓝媒号"、山东的"融媒体资讯中心"等，与中央广播电视总台视听新媒体中心、《人民日报》"人民号"、新华社新媒体中心等央媒新媒体平台联合，逐渐整合国内、省内、地方视听主流媒体视听内容的生产和传播；同时，地方视听主流媒体也不断借助新媒介技术，形成了新的视听格局。视听主流媒体正在优化再造新的采编播流程，逐渐构建起"全省一张网、全程全网"和"全国一张网、全程全网"的新型立体化视听主流媒体格局。

（二）商业资本推动视听媒体融合发展

商业资本不断推进专业视频网站、专业视听平台的建设。以阿里巴巴、腾讯、新浪、字节跳动、哔哩哔哩等为代表的商业视听媒体平台，利用充足的资金，借助灵活多样的视听制作生产销售模式，融合更多的优质原创视听内容产品，形成更广泛的视听传播力、影响力和品牌竞争力。

这一力量以市场数据为依据，投入大量资本，加大智媒技术的研发、引入和运用。其中以互联网技术为核心，构建开放式的视听平台，进行新视听传

---

① 国家新闻出版广电总局发展研究中心：《中国广播电影电视发展报告（2017）》，中央广播影视出版社，2017 年版，第 60 页。

播，并在生产和传播上不断创新视听模式，更契合用户的视听需要，进行多种视听 App 的开发推广，逐渐以新的视听思维方式重新定义视听传播的格局。优酷视频、爱奇艺视频、腾讯视频等视频平台也逐渐改变了以往对传统视听主流媒体内容的复制，而主动参与新视听内容的生产过程，完成了具有 IP① 价值的原创视听内容生产和传播，在长视频方面占据重要位置。而以字节跳动的抖音、快手等为代表的 App 则在短视频方面占据了用户碎片化的时间。随着手机等智能端的嵌入性和便捷性的提高，市场资本的介入强化了视听媒体融合的力度，也在不断对视听主流媒体的发展创新产生压力。

（三）用户视听需求聚合推动视听媒体融合发展

从根本上来看，满足用户的视听需求是视听主流媒体的发展目标，也是其发展创新的根本驱动力量。随着智媒生态下被动接受视听内容的受众转变为主动选择、传播视听内容的用户，视听主流媒体在生产端、传播端的垄断性优势逐渐消解，尤其是智媒技术赋予了用户新的能力，使其凭借新视听媒体及技术，可以主动介入视听生产、传播流程中，成为视听内容的生产者之一。

以满足用户个性化的视听需求为驱动的新视听生产与传播方式不断创新发展，对原有的视听主流媒体格局产生了极大的冲击，实时在线的用户对视听内容消费产生了新的要求。诸如以用户为中心的场景驱动、社交驱动等视听需求智能聚合，成为视听主流媒体视听生产传播的核心依据。用户视听内容选择、视听渠道平台选择更为多元化，在一定程度上消解了视听主流媒体的独占性优势，其影响力和权威性也受到用户多元化视听需求的挑战。

（四）视听主流媒体自身融合创新发展

当前，传统视听主流媒体的生产传播流程模式已经难以适应快节奏的智媒视听生态，需要不断地探索新的平台渠道建设。随着"中国广电"成为第四大营运商，视听主流媒体自有平台的搭建需要提上日程，基于 AI 技术、大数据技术、云计算技术、区块链技术等进行拥有自有知识产权的 App 开发、智媒

---

① IP（Intellectual Property），即知识产权，是指文学、影视、动漫、游戏等作品著作的版权的统称。

视听框架的构建等成为重点议题。以多元节点交互为中心的视听传播格局，催生出新的视听传播现象和发展重点。

视听主流媒体需纵深挖掘用户视听需求，创新生产垂直化视听产品，推动视听主流媒体自身融合向深层次推进，以融媒体中心、"中央厨房"等为核心，实现各种视听资源的聚合、生产、发布。新视听技术催生新的智媒生态进化，如无人机拍摄、机器人写稿、VR（虚拟现实）沉浸等正在重塑视听主流媒体。微型传感器、AI人工智能软件、LBS定位、数据可视化等一系列新技术，在视听主流媒体的视听生产中逐渐被采用，促成视听主流媒体新思维的形成。实时在线微传播成为视听主流媒体必然的发展趋向，移动化、智能化、微型化等技术成为视听主流媒体智媒生态发展的发动机和加速器，在不断促进视听平台IT化、视听网络IP化视听终端智能化。

二、研究内容

（一）视听内容生成传播呈现多元复杂化

智媒生态背景下，UGC（用户生成内容）、PGC（专业生成内容）、OGC（组织生成内容）、MGC（机器生成内容）等多种主体充当了视听内容生产者、传播者的角色。视听资源不再稀缺，而变得丰富。视听主流媒体既要面对不同类型视听媒体对受众注意力的争夺，又要面对突破原有行政地域限制的跨地域传播竞争。

面对复杂的视听传播形势，视听主流媒体需要充分运用互联网融合思维，整合各种碎片化内容，做好优质视听内容，处理好长视频和短视频的均衡发展，通过引导话题，运用算法和大数据，扩展视听内容的影响力。在视听传播过程中，视听主流媒体需要重视技术、场景、文化等因素对视听价值形成可能发挥的作用。

用户对视听内容的使用与满足则依托于不同的场景，由此构建起特定的连接关系，重新塑造视听传播流程中的各个关键环节及规范，由此关系技术分析成为理解视听传播过程的重要考量依据，而视听主流媒体则需要运用互联网融合思维培养新型用户关系，以用户为中心聚合内容和平台优势。

(二）视听媒体使用趋于复合化

以数字化、网络化为基本特征的各种视听新媒介和视听 App 层出不穷，人们不再仅依赖于电视媒介观看视听节目，手机等智能移动媒介成为重要的视听接收端，不同年龄段、不同性别、不同文化水平、不同地域的人们对视听媒体的使用呈现视听媒体复合化的趋向。

智媒生态下，智能移动终端逐渐嵌入人们日常生活中，促成视听传播从客厅场景到掌上场景、从固定场景到移动场景、从集体场景到个体场景的转变。视听主流媒体应以移动互联思维贯穿视听始终，这决定了用户的媒体接触与使用的可能。而视听主流媒体与视听内容及用户的多元化视听行为互相作用，直接影响着用户在特定场景下的视听体验。面对可以实时交互的多种界面（多屏），视听主流媒体从传播设计伊始，就需打通视听传播的界面限制，以便用户从一个界面自主切换到另一个界面，进行多界面的复合化系统传播。

（三）交互传播思维提升视听传播的价值内涵

视听主流媒体需要解决单向中心传播、互动性弱的问题，在视听内容制作和呈现的形式上灌入交互理念，自身作为视听网络中的一个重要交互节点，遵循用户需求导向，主动构建社交关系链，通过强视听关系和弱视听关系链接，提升用户与视听内容沉浸交互体验，引导用户与用户之间、用户与媒体之间的社交互动。

智媒生态背景下，视听主流媒体有针对性的视听信息筛选和提供，与用户主动搜索选择成为视听传播的新规律。与传统大众传播不同，当下视听传播格局正在从大规模受众匀质化向小群体用户异质化转化。视听主流媒体需要从以生产者为中心转向以生产者—用户（消费者）互动体验为中心，促进以数据化、网络化和机器自组织等为特征的视听主流媒体 4.0 智能化发展，发挥视听主流媒体资源丰富的优势，进行有针对性的智能场景传播，精准满足用户视听需求，促使视听传播从单纯广度和数量追求，向效率和质量升级。

（四）平台优势促进内容传播优势

视听主流媒体正在从单一平台垄断向多元平台协作转变。专业水准的视听内容是视听主流媒体的传统优势，但如果不能在多平台上有效传播，势必会削弱这一传统优势。视听主流媒体需要以"内容＋平台＋社交"来驱动自身的新发展，面对数据化、组织化和机器自组织的发展，应转向提升多种视听信息服务水平和视听信息融合技术流程智能化，充分利用媒体矩阵平台，做好头部内容，增强用户视听媒体触达率和平台黏度。

智媒生态背景下，网络视频直播为视听主流媒体发展提供了开拓互联网思维、激活媒体个性化动态呈现视听内容的新方式。电视问政等将用户关注的内容与新的视听网络相关联，从一屏（电视屏）呈现到引发多屏（电视屏、手机屏、电脑屏等）互动，不断聚合人气的同时，实现多元动态视听的融合，强化视听主流媒体的舆论引导力、影响力。

智媒生态背景下，以视听媒体4.0构建出发，视听主流媒体的视听产品、视听用户、视听传播逻辑及视听核心价值文化传播等都必然与互联网平台逻辑相一致。视听主流媒体一方面要以内容为根本，提供适应不同平台的优质视听内容，将视听体验多平台扩展；另一方面要强化视听平台思维，发挥多平台聚合优势，促成用户围绕视听内容相聚合，延伸视听内容服务价值。

（五）引领媒介文化传播主旋律

智媒生态背景下，视听新闻报道为适应各类平台和多元视听需求的变化而不断探索创新，促成视听新闻报道社交化、深度挖掘视听报道价值，加强视听动新闻报道和数据新闻可视化报道的运用，强化视听主流媒体的权威性、公信力和影响力。

视听主流媒体也可通过综艺类节目增强亲和力、感染力和影响力，将社会主义核心价值观贯穿于节目之中，凭借智媒多平台积极引导多元话题的讨论，提升用户的审美趣味、情感体验，注重新视听平台的运营与联动，丰富综艺类节目积极正向的价值意义。

视听主流媒体面临从客厅文化到各种移动场景文化的不断扩展，用户主动参与、碎片化的视听传播变得更为日常化，形成了多元化、开放性、个性化的视听媒体文化符号传播，这改变了视听主流媒体原有的社会主流文化塑造模式，各种视听媒体亚文化由隐性变为显性，得以在不同平台上呈现。视听主流媒体要发挥主流媒体的引导作用，以用户为中心整合各种视听媒体文化类型，就需要从自身定位和特征出发，借鉴网络直播等形式，形成平台意识、话题意识、引导意识等，从而担负起引导社会文化主旋律的职责。

（六）视听主流媒体运用新技术的发展趋势

视听主流媒体应从不断涌现的新视听传播形式中获取新的发展思路，做"大视听媒体"。专业视频网站、视听App等正不断改变视听传播生态，短视频成为新视听格局中的有机组成部分。它们以流媒体的形式不断地丰富着用户的视听体验，进一步增强了视听主流媒体的互联网融合思维——以用户为中心，将内容与平台相契合，建立融媒体中心，实现视听资源的有效整合，满足用户的视听需求。

智媒生态背景下，区块链技术正在构建整个视听主流媒体新的底层框架；多种智媒技术的运用，正在不断地形成虚实交织的新的视听时空区块，元宇宙正在成为智媒发展、媒体融合的新阶段。2021年是元宇宙元年，2022年元宇宙进一步成为热点，多种资本开始布局，视听主流媒体也在运用VR技术、仿真技术等不断探索实现视听场景化的途径和方式。由此，新型用户的视听传播需求开发与满足，视听用户中心传播的内容契合，移动、固定场景的准确定位，由此构建的广泛视听传播关系技术连接，及开放的实时在线的交互式视听模式等，是理解智媒生态背景下视听主流媒体视听传播新规律的关键。

总之，凯文·凯利警告人们：我们总习惯于用当今最炫的科技预测未来。当下我们正在进入一种新的视听媒体环境，视听主流媒体正在进入新的发展窗口期。不同于以往口语—文字—电子媒介等相对独立的媒介发展，当下数字新媒介的全融合性导致视听传播发生颠覆性变化，"视觉—听觉—触觉"等体验主导了信息的沟通交流。尤其是随着智能媒体融合推进，宽带网络、无线网络等加速发展，云计算、物联网等新技术广泛应用，视听主流媒体NGB[①]双向化改造与业务的部署，及数字家庭、移动智能终端、多屏互动应用场景普及，

[①] NGB（Next Generation Broadcasting Network），即中国下一代广播电视网，是由中国科技部和广电总局联合组织开发建设，是以有线电视数字化和移动多媒体广播电视（CMMB）为基础，以高性能宽带信息网为核心技术支撑构建的"三网融合"、有线无线相结合、全程全网的下一代广播电视网络。参见科技部与广电总局关于《国家高性能宽带信息网暨中国下一代广播电视网自主创新合作协议书》，2008年12月4日。

促成了多途径传播与多网络融合的大视听媒体传播新格局。随着互联网数字技术的发展，新的视听传播生态正在形成，视听主流媒体失去传统视听渠道和视听内容的控制权，多元化的视听生产和传播主体不断分散着人们的注意力。视听主流媒体需要适应互联网数字发展逻辑，进行有针对性的视听信息筛选和提供，满足用户主动搜索选择的需求，转"受众"思维为"用户"思维，在大视听媒体体系中担当核心角色，塑造社会主流视听文化。"多媒体依赖"使得兼有生产者和消费者身份的"多媒体触达用户"，更为积极主动地干预视听传播过程，并通过多种视听平台相互干预，带来视听传播规律的变化。这些变化深刻且复杂，不仅是各种媒介物理网络的大融合，更在于业务、用户、政策等方面的逻辑网络的大融合，涵盖传统媒体、新媒体和机制创新活动等系统的联动，相关研究具有价值意义。

三、研究思路

本书基于当下智媒生态多种智能移动终端、设备的普及，以及5G和大数据技术、AI技术等发展，分析多媒体触达用户、政策和视听主流媒体在视听传播中实现媒介（用户）期待—媒介（用户）触达—媒介（用户）满足—社会满足等互动连锁过程，尤其对智媒生态下多元化的用户、视听主流媒体等在内容需求（供给）倾向、终端（平台）接触倾向和参与（生产）动机等视听传播过程中内在和外在机制与影响因素进行具体分析，探讨包括视听主流媒体、用户、视听内容等在内的视听传播发展。

智媒生态背景下，视听主流媒体逐渐失去视听生产和传播垄断权，转变为整个智媒视听传播网络中的一个重要节点。它既要面对不同新型视听媒体对注意力的争夺，又要面对突破原有行政地域限制的跨地域传播的竞争。视听主流媒体要重视用户、文化、场景等因素在视听传播过程中表现出的对视听价值形成的主动性和决定性作用。用户对视听内容的使用与满足则依托于不同的场景，由此形成了广泛的关系连接，重新塑造视听传播流程中的各个关键环节及规范，关系技术分析成为理解视听传播盈利与发展规律的重要因素。在我国，以各级广播电视为主体的视听主流媒体特有的政治、经济、文化因素，影响着新型用户及关系的培养，这不再遵循零和竞争规律，而是运用互联网融合思维，即以用户为中心聚合视听内容和多平台优势，进行跨界、共享共赢的理念成为影响视听传播的新规律。这是本研究的重点。

以多媒体触达用户为中心，构建多终端信息聚合新平台；内容转变，促成微型化、社交化、垂直化、移动化等新产品生产流程；跨界整合，延伸视听媒体核心优势；数据挖掘，建立全程、全网、高度开放式的内容生产管理系统；品牌化推广，培养以首席主持人为核心的新栏目等，契合智媒生态下各种智能视听技术融合与使用、多形态视听媒介形式以及多场景智能化视听需求等，分析包括视听主流媒体、用户和视听内容等在内的视听传播发展，探讨视听主流媒体应用新技术，构建智媒视听生态圈等发展趋势。这些是本研究的难点。

视听主流媒体在整个媒体生态格局中占有重要的位置。随着媒体融合不断推进，新视听媒体技术不断嵌入人们日常生活，新视听App层出不穷，专业视频网站不断发展，触目可见的碎片化视听信息内容，将人们零散的时间和空间填补起来，移动化、微型化、关系技术化等正不断地改变着传统视听传播规律，区块链技术、大数据技术、云技术、AI技术等正在构建起智媒生态的框架，视听主流媒体正在不断创新发展。这是本研究的视听技术思路。

从使用—满足的视角来说，视听主流媒体有针对性地筛选和提供视听信息，与用户主动搜索成为智媒生态背景下视听传播的新规律。与传统大众传播不同，当下视听传播正在从大规模匀质化向小群体异质化转变，从以生产者为中心转向以生产者—用户（消费者）互动体验为中心。主体主流媒体用好视听资源优势，进行具有针对性的智能场景传播，精准满足用户视听需求，实现视听传播从单纯的广度和数量追求，向效度和质量升级，从视听内容的单一传播到用户与用户之间、用户与媒体之间多元关系的构建，探究 R-tech（技术关系）在智媒生态下如何对视听主流媒体的流程及价值取向产生深刻影响。这是本研究的视听关系思路。

总的来看，智媒生态背景下，视听主流媒体的视听产品、视听用户、视听传播逻辑及视听核心价值文化传播等都必然与智慧互联网逻辑相一致，如此才能维持和提升视听主流媒体的核心优势。视听主流媒体一方面要以内容为根本，生产适应不同平台的优质视听内容，将视听体验多平台扩展；另一方面要强化视听平台思维，发挥多平台聚合优势，促成用户围绕视听内容聚合起来，延伸视听内容服务价值。

本书以智媒生态背景下视听主流媒体融合创新发展为核心，从当下"单一视听主流媒体"向"多终端视听媒体"转变和"单一用户"向"多媒体触达用户"转变两方面入手,以"多媒体触达用户"和"节目内容"为研究基点,以两者的连锁因果互动为线索,聚焦智媒技术运用带来的影响,兼顾传播的技术层面和人文运作机制层面,从以下几方面对智媒生态背景下视听主流媒体发展进行深入分析：绪论部分对课题研究背景、主要内容、研究思路等进行论述；第一章分析视听主流媒体使用的"复合化"的趋向问题；第二章分析交互传播的思维成为视听传播常态化的规律；第三章从"内容+平台"新视听生态的形成、均衡发展以及平台转型等方面,分析视听主流媒体多平台发展问题；第四章从视听信息服务为中心的转变和视听信息融合技术流程的转变两方面探讨视听主流媒体服务4.0的扩展问题；第五章从视听新闻报道变化、新探索以及数据可视化、数据新闻报道等方面,分析视听主流媒体新闻报道的发展问题；第六章从新综艺视听思维的融入发展和对网络直播的借鉴两方面探讨视听主流媒体的节目创新；第七章从新视听媒体的冲击、新视听媒体文化日常化、视听媒体文化场景化以及视听媒体亚文化融入等方面,探讨视听主流媒体文化的构建；第八章从新型视听主流媒体生态圈构建、区块链技术应用和融入元宇宙等方面,探讨视听主流媒体新技术应用发展趋势,最后对全书内容进行总结。

本书针对智媒生态多元视听生产、传播主体的背景,以及多智能媒体聚合发展的趋势,围绕智媒生态下视听主流媒体发展,深入探讨了视听主流媒体如何发挥其内容资源优势,主动实现从视听信息传播转向视听价值传播的问题,契合智媒生态多技术迭代发展,分析视听主流媒体进行更有效融合发展,增强自身在用户的媒体触达率和媒体依赖度的问题,以及在"全省一张网、全程全网"和"全国一张网、全程全网"的视听格局中确定自身的地位与作用,提升自身的话语权和影响力的问题,以期为智媒生态下视听主流媒体更好融合实践与发展创新提供思路。

第一章　视听主流媒体"复合化"发展

智媒生态下，视听主流媒体不断融入新的数字媒介技术，促成视听传播的复合化发展。加拿大学者麦克卢汉认为，那些体验到新技术第一次冲击的人们都会有强烈的反应，但随着整个社会工作和交往的各个领域吸收消化了这种新的感知习惯，最初的震惊便逐渐消退。真正的变革发生在此之后，是所有个人生活和社会生活对这种新技术所形成的新感知模式长期的"调整"阶段。[①] 对视听主流媒体而言，了解用户对各种视听媒体的使用情况，对于确定视听传播内容、方式及传播策略等具有重要意义。本章集中讨论智媒生态下，视听主流媒体所面对的用户使用视听媒体"复合化"问题。

第一节　视听新媒体的发展

智媒生态下，数字基因深嵌视听主流媒体多元化平台、多元化内容融合之中，所有的视听内容以数字化的形式呈现，聚合在各种数字化平台之上。数字视听新媒介不断发展，一方面改变了视听主流媒体对整个视听流程垄断性控制的格局，另一方面则提供了用户主动介入视听主流媒体流程创新发展的新契机。

---

① 马歇尔·麦克卢汉：《谷登堡星汉璀璨》，杨晨光译，北京理工大学出版社，2014年版，第87页。

一、数字基因形成与新技术发展

1989年英国科学家伯纳斯－李（Tim Berners-Lee）在欧洲物理实验室用超文本技术建立一个全球范围内的多媒体信息网，并在1990年成功开发出世界上第一个Web服务器。1993年2月马克·安德森在美国国家超级计算应用中心发明了第一个图形Web浏览器，1997年因特网上网站点超过5000万个，从1996年开始，计算机技术和互联网技术逐渐将整个视听传播推向多媒体融合的数字时代。

当下视听传播的媒介多种多样，但都是在以上这两种技术的基础上进行创新发展的。老子《道德经》曰："道生一，一生二，二生三，三生万物。""道"是事物的本质和核心，是宇宙万物生生不息、循环演化的规律。数字基因贯穿于视听主流媒体融合发展的全过程。文本、图像、声音、视频等都是以Bit（比特）为基因，以0和1二进制语言来做数字化的处理。

由此我们可以看到，视听媒体的数字化基因决定了智媒生态下视听主流媒体创新发展的实然与应然的规律。它一方面具有新媒介共性——媒体可以共享所有数字化视听内容，用户可以主动参与视听传播过程；另一方面具有新媒介个性——实现媒体特定视听内容的传播，满足用户特定视听需求。视听主流媒体内容具有实现不同数字平台上传播的可能，正是由于实现数字化转型，从某种程度上具有了满足用户不同视听需求的技术可能。而数字基因与生俱来的兼容性，强化了对各种视听媒体一体化融合，电视、广播等先是融合PC端，继而融合移动端，与此同时，视听内容呈现也由界限分明的媒介转变为界限模糊的多媒介数字平台。

广播电视行业与通信技术的发展有着密切关系。2G、3G、4G、5G技术在不断阶段进入商用阶段，推动着视听主流媒体不断迎来了新的发展机遇。当下5G技术正在与大数据、人工智能、VR技术联系在一起，促成新视听模式的发展。

5G技术能够为广播电视行业提供更加稳定的信号输出质量。得益于5G技术的高速率技术特点，我国广播电视行业的节目与移动业务将呈现出一个较高的水准。5G技术所具有的低延时、高可靠性的特点，不仅能够使得用户享受到比 4G 更快的连接，而且可以大大提升用户的网络直播体验。5G 技术相比 4G 技术，更是具有"大容量网络连接"特性。这一特征将推动我国社会网络连接格局的革新，使传感技术得到进一步的发展，具体表现为我国居民能够从多维度全方位获取信息，对信息的应用与解读也变得更加丰富。5G 为广播电视行业带来了一个全新的发展方向，广播电视行业应该重视 5G 技术带来的革新，以实现行业在新时期长期稳定发展。[①]

与此同时，6G 技术的探索研究也在布局之中，而且各种数字视听技术和数字视听硬件、软件的运用，也进一步强化了智媒生态下视听主流媒体数字基因的作用。

二、普遍联系的新视听媒体

美国媒介生态论学者保罗·莱文森认为，"各种技术都有这样一个趋势：它们的运作不是孤立的，而是联手的，而且常常是相互影响的"[②]。智媒生态下，视听主流媒体不再是单一的媒体渠道，用户从电视、广播、报纸、杂志、录音机等单一媒介的使用，扩展到多元化数字平台设备等融合媒介使用，而且多种融合媒介在网络平台上可以十分方便地进行切换。目前，流媒体平台聚合多种智媒技术，满足用户社交需求，智媒技术间的普遍联系，使得视听生产与传播的过程也具有了普遍联系的特征。智媒与互联网强大的链接能力，使视听传播突破了时间和空间距离的限制，用户得以在麦克卢汉所说的"地球村"进行视觉狂欢。当下，视听主流媒体除了坚守发展电视、广播等原有媒介平台，还不断开拓微信、微博、抖音等新的平台，搭建起纵横交错的视听媒体矩阵，嵌入不断迭代的智媒技术，逐渐构建起用户使用视听媒体的新习惯。视频分享网站的用户在不断增加，而电视、广播等传统媒体的用户群不断优化，又反过来促进了各种融合媒介的技术和功能的进化发展。普遍联系的新视听媒体已经在潜移默化间改变了用户看电视、听广播的本质。

[①] 王荣晖：《5G 时代下广播电视行业的发展机遇与价值创新研究》，《广播电视网络》，2021 年第 12 期。

[②] 保罗·莱文森：《莱文森精粹》，何道宽编译，中国人民大学出版社，2007 年版，第 13 页。

智媒生态下，普遍联系的新视听媒体改变的不仅仅是视听传播载体，更扩展了各种视听媒体间、视听用户间关系的构建形式，即工具技术（T-tech）指向转为关系技术（R-tech）指向，从视听内容传播的普适性转向视听关系连接相关性。2022年年初Hootsuite发布研究报告显示，从2020年到2025年，全球使用社交媒体的人数预计将从36亿增至44亿。这意味着全球一半以上的人口都在浏览社交信息。① 尤其是随着虚拟空间和物理空间交错，VR技术运用成熟，用户可以熟练地跨媒体平台以多重虚拟身份和真实身份进行逼真的视听交互，从而使各种以兴趣为导向或以利益为导向的用户可以更好地聚合起来，实现视听内容的有效触达。因此，智媒生态下用户能够跨媒体平台接收多种身份关系的构建，远程交互更具现场感，视听传播更为复合化。

三、视听需求驱动的新视听媒体

智媒生态下，视听需求的变化直接影响着视听主流媒体转向用户价值的挖掘。丹尼尔·麦奎尔在《受众分析》中指出，用户既是社会环境——这种社会环境导致相同的文化兴趣、理解力和信息需求——的产物，也是特定媒介供应模式的产物。② 智媒生态下，用户主动性得到了极大释放，智媒技术和平台也在不断地鼓励用户参与视听融合发展的过程，主动进行视听内容的生产、传播。

人们使用视听媒介的行为很大程度上是由一些相对稳定的社会结构和媒介结构因素所决定的。媒介结构是指在某一地点和时间里可以获得的相对稳定的媒介渠道、选择空间和内容系列。媒介系统不仅仅回应各种压力，而且回应来自用户的反馈，以期能够在供给和需求之间保持一种稳定的自我调节的平衡。媒介结构和社会结构的互动，构成了个体转换为用户的社会环境、文化环境和媒介环境。当周围环境的"潮流式"影响以及自身源于各方面的信息接收需求完全被满足时，很少有人能够抵挡这种多媒体内容带来的快乐。因此，用户对于多媒体视听媒介的日常使用和依赖是一个顺其自然的结果。社会需求激发了

---

① 腾讯媒体研究院编译：《Z世代VS千禧一代，全球海量社交广告究竟为谁而发？》，https://new.qq.com/omn/20220317/20220317A03TX300.html。

② 丹尼斯·麦奎尔：《受众分析》，刘燕南、李颖、杨振荣译，中国人民大学出版社，2006年版，第1页。

视听新媒体技术的变革，视听新媒体技术的变迁又重塑了用户的收视习惯或特征。比如哔哩哔哩网站中的鬼畜视频和抖音、快手中的短视频等，二次编辑采用了截取视听内容片段或配音变音技术，用户可以选相应模板直接智能生成新的短视频。各视听媒体不仅仅是在满足用户碎片化的视听需求，更是在主动创造出新的视听价值。

进而言之，这种变化改变了用户被动观看的模式，用户在截取偏好视听内容片段的实践过程中，放大了碎片化的视听价值，让被忽略或边缘化的视听内容凸显出来，这远远超出了视听主流媒体专业生产传播所设定的重点和价值体现预想，专业人士的线性传播被用户使用新的视听技术打破，由用户从视听需要偏好出发，重新定义了视听价值。

智媒生态下，用户对多视听媒体的使用正是直接来自视听需求的直接表达以及主动参与。多种用户与视听媒体之间存在着一种双向性的选择：视听媒体通过算法等生成特定的视听内容推荐给用户，而用户依据自身的意愿来进行选择和关注特定的视听媒体。从某种程度上来，用户视听需求的满足，是基于视听媒体功能的可能性，而视听内容依附于特定的媒介才能发挥其影响力。用户、视听主流媒体与视听内容三者之间的交融契合，可以实现视听效果的最大化。

对比 2016 年和 2017 年的调查数据，国内用户在电视和视频网站上获取资讯的人数占比均有明显增长，其中视频网站增长达到了 228%，考虑到除了电视和视频网站，资讯网站和 App 上也有大量的视频内容，可以说消费者对视频资讯的需求得到了进一步释放。[①] 2022 年，抖音的国内用户就已经超过 7 亿人。根据 QuestMobile2022 全景生态流量春季报告，智能移动端已经成为人们获取视听内容的重要平台，而同时多样在线的用户视听习惯已在影响着视听内容的传播（如图 1-1 所示）。[②] 从 2016—2022 年的不同研究报告可以看出，视听媒体多元化、移动化的发展趋向十分明显。

---

① 参见企鹅智酷：《未来地图：2017 中国新媒体趋势报告》，2021 年 11 月。
② 数据及图表参见 QuestMobile 研究院：《QuestMobile2022 中国移动互联网春季大报告》，2022 年 4 月。

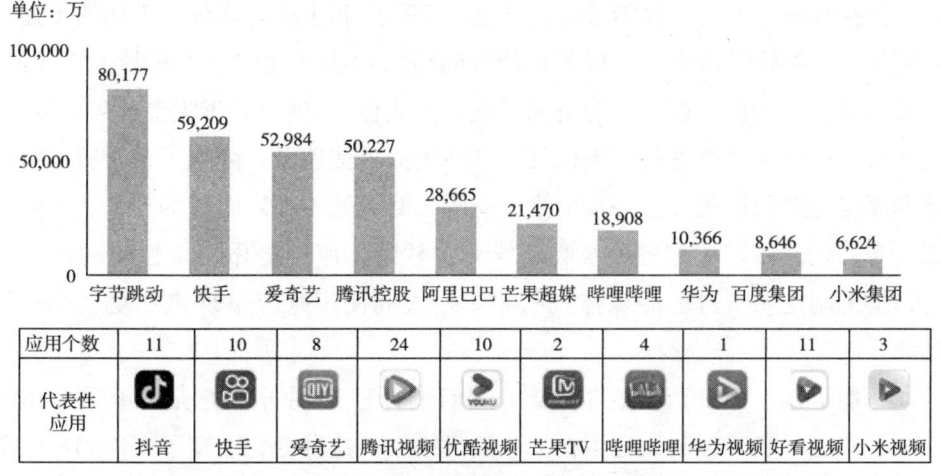

图1-1 2022年1月移动视频流量域总用户量TOP10企业

注：1.总用户量：在统计周期（月）内，该企业在对应行业下各App和小程序用户量的去重总用户数；2.流量域：该企业下关联App所处的对应行业；3.应用个数：该企业下关联的应用总个数，其中应用指App和其关联的多个小程序的总体；4.代表性应用选取各企业旗下移动视频流量域2022年1月活跃用户规模TOP1。

Source：QuestMobile TRUTH 全景生态流量数据库，2022年1月。

信息社会使用户置身于无处不在的媒介之中，也为人们自由地选择媒介信息提供了可能性。从印刷媒介、无线电媒介、广播电视媒介到互联网媒介，视听传播技术和平台渠道的更新升级正缔造新的视听媒体使用模式，从而推动视听传播形态与业态快速形成与发展。媒介不断地丰富着人们视听内容的体验，新的媒介技术已经逐渐嵌入了日常的视听内容生产、传播、消费之中。

第二节　视听媒体复合化的启示

视听媒体使用的复合化倾向，在很大程度上改变了视听主流媒体原有的生产、运营等观念，为视听主流媒体的发展提供了启示。

一、用户视听媒体使用习惯的改变

当下，各类以互联网技术为基础构架的新视听媒体，构成了人们最基本的媒介传播环境。电视、报纸杂志、广播、互联网和手机等媒体以不同的传播方式满足人们的视听需求，并以各自独有的传播功能帮助用户了解其生活环境。智媒生态下，用户的视听行为更加呈现"多线程"，视听收听收看、互动分享、关注转发等行为交替进行。手机及智能终端的迅速普及，降低了视听服务对地域和固定场景的依赖，进一步助推"视听无时无处不在"时代的到来。人们根据自身的兴趣和需求对各种视听新媒介及软件、应用等做出个性化的媒介组合，搭配制定属于自己的媒体视听菜单，人们使用媒介呈现出"复合化"的趋势。

智能手机、Wi-Fi 网络的普及为人们选择移动视听服务提供了强大驱动力。人们进一步迁移到无处不在的移动网络中，这种变化改变了人们固定收听收看广播电视的媒介使用习惯。通过各种新视听媒体在不同场景中，根据自己的视听偏好和需要进行点播、直播等收听收看行为，各类视听 App 推出了投屏功能，用户可以自行将感兴趣的内容投到电视机或者其他屏幕上，实现了多屏共享的视听目的。

视听媒体融合打破了媒介之间的界限，对传统意义上的机构媒体组织产生了冲击和挑战，视听主流媒体必然需要整合自身在不同媒介平台上的视听内容。正如麦克卢汉所言，媒介是人的延伸，"任何一个新媒介都是一个进化的进程，一个生物裂变的过程，它为人类打开通向感知和新型活动领域的大门"①。随着新媒介的功能性更为分化丰富，原有传统大众媒介组织功能性削弱，对用户视听需求的满足更为细化，"人的生存似乎要把意识延伸为一种环境。由于电脑的问世，意识的延伸已经开始"②。

智媒生态下，用户对媒介的选择更为自由，而媒介使用的动机也更具随机性。用户对媒介使用从单一的视听收听收看，转为以社交分享为主。优酷、腾讯视频、爱奇艺等作为专业商业视频平台，以点播的形式提供了丰富多彩的视听资源；喜马拉雅、荔枝 FM 等网络音频平台提供了大量个性化的有声内容；微博、微信等社交平台的发展，为各种视听内容的呈现与传播提供了更多便利

---

① 马歇尔·麦克卢汉：《理解媒介：论人的延伸》，何道宽译，商务印书馆，2003 年版，第 428 页。
② 马歇尔·麦克卢汉：《理解媒介：论人的延伸》，何道宽译，商务印书馆，2003 年版，第 428 页。

条件；抖音、快手等短视频平台为用户提供了方便录制、上传分享视听内容的应用功能，提供了有特色的配乐以及辅助的小工具支持，让用户不断地生产有趣好玩且内容较短的视频内容，快捷性、多元化的原创性短视频视听内容填补了人们碎片化的时间，成为一种现象级的视听产品。抖音与快手已成为普通人制作短视频的首选平台，微信的"视频号"等也伴随着人们的信息互动而成为随时观看的视听内容。

网络直播进一步改变了用户视听媒体使用习惯，直接消除传播者和受传者之间的距离，形成了共同进行视听内容生产交流的私密空间，各种移动社交直播平台规模大小不一，很多只有几十个观众，但是互动的氛围很好，通过将附近的直播推荐给用户，让用户之间有了一个相对去中心化、平等的交流形式，这种视听内容推荐的方式强化了网络直播的社交属性；丰富的视听平台和渠道提供了多元化的视听内容，成为移动社交的延续和发展，更为精准地满足了人们视听需求。通过参与视听过程，依赖于用户对不同媒介的使用，这些媒体可以为用户提供不同的视听体验，满足不同的视听需求。

二、媒体使用复合化对内容生产的影响

媒体使用复合化使得用户可以基于不同场景和视听需求，主动选择适合的视听媒体和视听应用，从而对视听内容生产产生了深刻影响。对视听主流媒体而言，传统电视广播这些媒介平台和渠道的使用频率在持续下降，仅在2017年全国有线广播电视实际用户比2016年减少了1400万户[1]，到2020年年末全国有线广播电视实际用户2.12亿户，相较于2019年再次减少200万户[2]，这一不断下行的数据表明电视媒介用户正在分散到其他不同媒介平台，视听主流媒体需要充分利用媒体融合平台，才可能保证用户充分接触视听主流媒体。这并非仅发生在国内，全球也出现电视收视下降、多元流媒体花费时间增加的情况。根据《2022年：媒介使用行为洞察报告》，2020年，全球消费者平均每天在流媒体平台上花费1小时26分钟，在到达峰值后用户增速逐渐放缓，人们每天看传统电视的时间反而提高了25分钟。但总体来看，流媒体平台在用户

---

[1] 数据来源：国家广播电视总局，《2017年全国广播电视行业统计公报》。
[2] 数据来源：国家统计局，《2020年国民经济和社会发展公报》。

注意力的争夺上超越传统电视已是"大势所趋"。2015年,传统电视在全球的用户辐射面积高达71%,但在2021年,这一数字已经缩小到56%。①

伊尼斯指出:"媒介在时间和空间上对社会组织产生了决定性的影响。"②对用户来说时间精力相对有限,对某一视听媒体及应用使用的时间长短和使用频率必然会影响到对其他视听媒体及应用;同时,用户对不同视听媒体的使用会对视听内容生产和传播的重点和过程产生影响。已有研究显示,电视的用户与报纸的用户相比,前者更消极,更情绪化,后者则对现实社会持积极态度,理性对待社会中发生的事件。重要原因之一在于视听信息的呈现对用户的视听影响的差异:前者是动态的,用户在观看时更容易受到电视现场情况的感染,在多种戏剧化的视觉冲突呈现后,易形成情绪化的观点立场;后者是静态的,用户是在相对独立阅读思考的情况下了解事件,形成观点立场。因此,媒介使用不同,内容偏好和产生的影响也存在着差异。相对于电视媒体,智媒生态下的新媒体更凸显出强化媒体、内容与用户之间的互动性,更有利于用户主动介入视听内容的生产、传播等流程中。

从媒介经营与管理的角度,满足人们精神生活需求的视听内容可作为用于满足人们视听消费的媒介产品。谢新洲认为,媒介产品可以分为替代性产品和互补性产品。替代性产品指两种不同的媒介产品在使用价值上可以互相替代,来满足受众的某种需要;而一些媒介商品在消费过程中是相互补充的,因而可以称为互补品。③ 相关媒介产品的使用行为会影响到用户的其他媒介使用行为。也就是说,在媒介使用方面,表现出媒介替代与媒介互补论的情况。吴文汐的研究发现,网络和手机,报纸和杂志,网络和电影,电视和报纸,电视和广播,杂志和电影,手机和移动/楼宇/户外视频,以及电视和广播的接触时间呈正相关关系;电视和网络,广播和网络,报纸和网络,电视和电影,广播和电影,以及电视和手机的接触时长呈负相关。④ 智媒生态下,人们使用多种视听媒体已经逐渐成为常态,而手机端的嵌入性更强,也成为多种视听媒体驻留

---

① 腾讯媒体研究院:《2022年:媒介使用行为洞察报告》,https://view.inews.qq.com/a/20220506A07I5A00。
② 哈罗德·伊尼斯:《传播的偏向》,何道宽译,中国人民大学出版社,2003年版,译者序言。
③ 谢新洲:《媒介经营与管理》,北京大学出版社,2011年版,第127页。
④ 吴文汐:《独占接触还是复合使用?——全媒体时代城市居民的媒介接触行为模式选择》,《"传播与中国·复旦论坛"(2011)——交往与沟通:变迁中的城市论文集》,2011年。

的主要媒介，替代与互补表现为各种视听媒体 App 中视听内容的竞争。

三、媒介使用复合化对视听生态的影响

麦克卢汉"媒介即讯息"的观点一语中的，指出媒介本身才是真正有意义的信息。媒介最重要的作用就是"影响了我们理解和思考的习惯"。杰克·富勒认为，"每种媒介都有自身的优势与劣势，……新媒介通常并不会消灭旧媒介，它们只是将旧媒介推到它们具有相对优势的领域"[1]。因此，对于社会来说，真正有意义、有价值的信息不是各个时代的媒体所传播的内容，而是这个时代所使用的传播工具的性质、它所开创的可能性以及带来的社会变革。当下，以互联网技术为基础构架的新媒介，提供给用户更多便捷、实时、交互的平台和渠道，视听内容更是极为丰富。凭借着这些融合平台，人们更倾向于主动选择不同的媒介，使用（消费）不同的视听内容。简而言之，不同的媒介决定了视听内容呈现的可能和产生什么样的影响力，从而也就对媒介生态圈产生影响。

新媒介的出现对现存的媒介生态产生影响，这一点是毋庸置疑的。菲德勒认为，"每当一种新形式出现并发展起来，它就会程度不同地影响其他每一种现存形式的发展"[2]。用户无障碍地切换对不同视听媒体的使用，以一种复合化的方式对视听生产者、视听内容、视听传播流程、视听价值链等产生影响，在改变视听体验的同时，也在改变视听媒介生态圈的存在状态。诸如各种新视听媒体技术和 App 的普及，用户可以对所观看的长、短视频进行补充、修改、转发或添加标签、标题等，从而重构了意义。这种可重构的技术功能对视听内容生产、传播产生了多元化的影响，其不只是接收的或者生产的状态，而是主动参与了改造整个生态圈的过程。

尤其是智能手机、平板电脑等移动媒介嵌入人们日常生活中，微传感器、微处理器促进智能化可穿戴视听媒体的发展，万物互联的时代正在到来。由此，视听主流媒体在媒体融合发展中对不同媒介平台的认识和使用，直接影响到视听内容生产传播创新与发展，如果仅仅停留在电视广播时代的思维，就难以适应多平台融合共存的大视听新格局。

---

[1] 杰克·富勒：《信息时代的新闻价值观》，展江译，新华出版社，1999 年版，第 35 页。
[2] 罗杰·菲德勒：《媒介形态变化：认识新媒介》，明安香译，华夏出版社，2002 年版，第 94 页。

四、视听主流媒体再定位

智媒生态下视听主流媒体在整个视听传播格局中具有重要位置。在传统媒体环境下，视听主流媒体具有行政的政策倾斜、视听传播渠道的独占性、视听内容的权威性等特点，是满足人们精神生活和文化生活的重要途径。衡量标准不同，对何为"主流媒体"的看法有很大不同。石长顺认为，主流媒体是指具备一定的规模，体现且传播社会主流意识形态和主流价值观，坚持且引导社会发展主流与前进方向的主要媒体。[①] 从中国国情出发，我们倾向于采用这一定义。它既包括央视级媒体、省级视听主流媒体、市县级视听主流媒体等传统主流媒体，也包括由这些媒体延展成立的"两微一端一网站"等新媒体。

随着媒体融合的推进，当下的视听生态环境发生了深刻变化。除了视听主流媒体，各种专业视听网站（如优酷、腾讯视频等）、以视听 App 应用聚合的新视听媒体（如快手、抖音、梨视频等），以及具有原创内容分类聚合功能的视听综合网站（如哔哩哔哩网站）不断吸引更多的用户，将视听行为碎片化，各种边缘视听偏好影响主流媒体，在整个视听格局中占据了重要的位置。这对传统视听主流媒体形成了一定的冲击，视听主流媒体的内容没人看，还谈何影响力和引导力？

在此背景下，视听主流媒体需要从政治、市场和技术等角度重新定位自身在视听格局中的位置。一是做好新闻报道，满足人们的信息需求，传播国家的政策方针，弘扬社会主义核心价值观，对用户的思想及行动产生积极的影响和引导，体现视听主流媒体公信力、权威性；二是运用智媒技术提升视听内容呈现质量，便于用户有针对性地获得个性化的视听内容，满足人们日益增长的多元化视听需求；三是做好特色平台视听内容，满足人们多平台、多技术运用的视听需求，生产出更多有影响的视听节目。

五、视听三要素的复合化

视听传播技术发展不仅是带来广播电视、IPTV、OTT、专业视频网站、自媒体视频等多种形态并存的大视听格局，而且还根本性地改变了人们对媒介

---

① 石长顺、梁媛媛：《互联网思维下的新型主流媒体建构》，《编辑之友》，2015 年第 1 期。

的使用习惯和模式：用户对视听媒体使用呈现"复合化"倾向。封闭孤立的收听收看行为变成了在开放协议中动态扩展的实践过程，王晓红认为："视听传播具有了全新的功能属性，它所构建的不再只是一个观看空间，还是一个维系交流的活动场所，一种表达自我的话语方式。"①

从用户的角度来看，伴随着视听媒体使用的变化，用户的视听需求重心发生了转移。一方面是由于移动媒介更适合人们碎片化时间的使用；另一方面是移动媒介社交功能提升了其人际关系黏度，原创与扩散视听内容的便捷性强化了用户的使用偏好，用户视听需求越来越小众化、微型化、休闲娱乐化。

从技术的角度来看，更多用户转向移动媒介。一方面是由于互联网技术基本的技术构架、数字化基因是一致的，降低了用户从一种媒介切换到另一种媒介的难度；另一方面是视听媒体应用更为细分化，不断出新地依附于移动终端应用，可以激发人们对新奇视听媒体的使用动机。

从视听内容角度来看，用户多元化的视听需求被释放出来。一方面，视听内容越来越微型化、碎片化，适合移动平台呈现和用户快节奏的生活；另一方面，最初的新视听媒体往往倾向于娱乐的性质和目的，这有利于吸引用户使用和新媒介应用的迅速扩散。总之，用户更倾向于使用不同媒介来满足其视听需求。

用户视听需求、媒介功能和视听内容是相互契合、共同发展的，用户视听媒体的使用最终是与自身视听需求的满足体验相一致的。视听主流媒体需要借助于各种新技术手段和内容符号的视听传播，以满足用户视听需求为目标，以呈现多元、丰富、适应多平台的视听内容为手段，开掘视听媒体的社交功能，充分激活用户运用视听媒体创作、传播和分享的行为（如图1-2所示）。

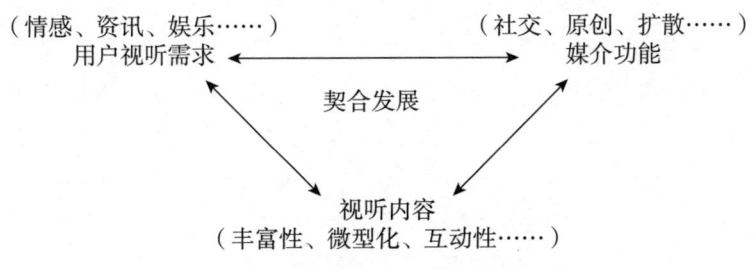

图1-2 视听复合化三要素关系图示

---

① 王晓红：《新型视听传播的技术逻辑与发展路向》，《新闻与写作》，2018年第5期。

我们说"复合化"一词，是将用户的媒介使用视为一个整体性行为，产生的影响也是深刻的。传统视听媒体的使用时间越来越短，人们收听广播或是观看电视新闻的时间越来越少，整体性表现出向新视听媒体迁移的趋势。视听主流媒体不仅仅是从电视屏走向其他屏，还需要从视听媒体功能、用户视听需要和视听内容三者互动中寻求最佳的结合点。视听主流媒体具有平台优势，可以通过多种视听媒体的入口，顺应用户使用视听媒体复合化的趋势。

用户在智媒生态下的视听行为呈现出碎片化、微型化、社交化的倾向，随时随地在任何媒介终端上观看视听内容。同时，不同的年龄阶段、不同学历等用户群体有着类似的媒介使用习惯，视听主流媒体面对这些不同的新的习惯群体，需要建立具有良好兼容性的入口，帮助不同的群体更好地使用不同的视听媒体，提升用户的媒体触达率。

对视听主流媒体而言，关键在于用互联网思维来处理应对用户的视听使用复合化，以开放的形式充分融合使用多元化的数字化媒介，使视听内容传播推送契合用户的视听媒体使用习惯。数字视听媒体复合化发展，改变了视听内容生产传播的过程，这需要视听主流媒体改变原有的观念，运用智媒思维方式，满足用户的多元化视听需求。

第二章　视听主流媒体交互传播的思维变化

智媒生态下，多向度的视听传播模式，取代了单向度的传播模式。视听主流媒体与用户的互动、用户之间的互动以及不同视听媒体之间的互动贯穿整个视听生产、传播的过程，交互传播成为智媒生态重要的运营思维。

第一节　无互动不传播视听场景的形成

智媒生态下，新媒介技术和应用天生具有社交互动的特性，形成了新的视听场景。场景原指戏剧、电影中的场面，与情景含义类似。吴声在《场景革命：重构人与商业的连接》一书中将"场景"概念与互联网商业环境相关联，认为在移动互联时代，"场景"不是一个简单的名词，它是重构人与商业的连接。新的体验，伴随着新场景的创造；新的流行，伴随着新的洞察；新的生活方式，也即新场景的流行方式。① 智媒生态下，伴随着移动智媒技术的普及，移动智能终端嵌入人们日常生活，视听场景化成为常态。

一、视听交互技术的发展

视听传播是人类最基本的社会行为之一，是人类社会进行信息传播的一种基本方式，视听交互是传播最基本和最普遍的形式之一，各种信息传播与交互相伴相随。学者王晓红认为："纵观媒介发展，我们可以发现，每一项新技术

---

① 吴声：《场景革命：重构人与商业的连接》，机械工业出版社，2015年版，第3页。

的使用，都在人与世界之间构建起新的关系，它折射了人类传播在两个层面上的追求：一是不断追求身体感觉丰富性的还原，二是不断追求交往互动的深化。"① 人们总是依赖于不同的媒介和技术进行传播交互。

视听传播交互受到社会交往的驱动。社交是一种心理的交流和需要的满足，视听信息是满足心理交流和需要的主要内容。在这种心理动因的推动下，社交成为人们社会生活中不可或缺的重要内容。古代人们结成群体，相互表达意向和情感，交流外界的信息。在小群体之内，每个成员既是传播者又是接收者，反馈是实时的，并采用了岩画、舞蹈、歌谣等视听传播形式，进行多样化的交互传播，满足人们环境认知的需求和审美的需求。

随着人类社会不断发展，传播突破了原有的条件局限，进入更为广阔的范畴，传播媒介和技术也在不断发展，出现了报纸、广播、电视、网络和移动智能设备（智能手机、平板电脑、可穿戴设备等）等不同媒介，不断地延伸着人类视听传播交互的内涵和形式。视听交互技术使得交互内容也由短时现场不可留，到简单的绘画记录（包括各种文字），隔时空交互成为可能，再到复杂多样的视听交互形式，不断地扩展交互技术的时空界限，提升视听交互的质量。现在意义上的交互技术是随着新媒介技术的发展不断演化的。学者刘艳认为，"严格意义上说，视听媒体在互动性策略上的运用并不是源于网络传播，最早在广播上就有通过听众来信和电话的方式实现和信息受众的交流。尤其是听众来电的方式可以更即时地在节目中和大众听众进行互动，所以在 20 世纪 40 年代就已经成为了广播类节目的重要形式。但由于媒体介质属性的影响，广播上能够采用的互动性策略相当有限"②。

进入智媒生态后，视听传播发生了重大变化，学者廖祥忠认为，"从长视频到中视频到短视频，再到多样态的直播，视听传播在中国呈现出全时空、全领域、智能化、全龄向的发展新势能，并凝聚成三个趋势性特征：一是数据驱动；二是泛媒功能；三是大众创新"③。从技术条件上来讲，视听内容的传播已经突破诸多限制，任何时间、任何地点、任何内容、任何主体间都可以通过不同的视听媒体进行传播和互动。对视听主流媒体而言，视听资源的生成主体

---

① 王晓红：《新型视听传播的技术逻辑与发展路向》，《新闻与写作》，2018 年第 5 期。
② 刘艳：《论视听媒体的互动性策略及其社交属性》，《新媒体研究》，2020 年第 4 期。
③ 《廖祥忠：视听传播的中国时代正在到来》，https://m.thepaper.cn/baijiahao_14903668。

扩展到普遍的用户，其传播不再是一种曲高和寡的闭合式生产过程，而是一种十分需要用户互动、节目互动、媒体互动、平台互动的不断创新的动态过程。

二、视听主流媒体"自发"到"自觉"的互动

美国著名传播学者拉斯韦尔提出了传播的过程模式，认为在传播过程中有五种基本要素：是谁（who）、说了什么（says what）、通过什么渠道（in which channel）、向谁说（to whom）、有什么效果（with what effect）。其所提出的五个传播关键环节至今仍然具有重要意义，但这一"5W模式"针对的是传统媒体单向直线传播模式，忽视了"反馈互动"这一环节。即使后来的相关研究增加了"反馈互动"，并将之贯穿信息传播的全过程，但是技术条件的限制使得反馈存在较长的延迟性，缺少广泛且自主的互动性，一般是在传播者的主导下在相对有限的范围及时间段进行。智媒生态下，传播过程中的"互动"由"偶尔"发生转向"时常"发生，从视听主流媒体主导的单向"自发"行为转向用户、视听主流媒体的双向"自觉"行为。

学者陈卫星认为："信息的存在方式绝不仅仅是信息本身；信息总是处在传播者和接受者双方的互动关系当中。"① 换言之，信息只有在传受双方交流互动中得到理解，才是真正的价值体现。对视听主流媒体而言，视听内容已经不再是单向、封闭、线性式传播，更多新视听媒体技术和App应用鼓励人们——包括视听媒体本身进行更频繁的互动。总的来说，融媒体时代，视听主流媒体的制作模式从线性的单一渠道采集、封闭式生产、点对面单向传播向多媒体内容汇聚、多渠道内容分发、双向用户互动的全新制播模式转变。为了符合融媒体制作模式下的视听内容生产，张韬等人提出视听主流媒体互动系统应具备以下功能点：

第一，连接多种互联网社交媒体。通过微信、微博、QQ等社交媒体的开放接口，实现引导广大互联网社交媒体用户进行广播电视节目互动的能力。

第二，构建云平台。根据业务的需要，利用公有云动态调整所需资源，解决用户互动时的并发能力问题、网络覆盖能力问题、计算扩展能力问题。

第三，发布与节目模式相结合的互动功能。能够提供多种互动模式，如聊

---

① 迈克尔·舒德森：《新闻社会学》，徐桂权译，华夏出版社，2010年版，总序第1页。

天室、刮奖、摇一摇、问答、评论等功能，并在社交媒体上发布，引导用户参与，从而提升节目的互动性。

第四，提供分级、可控的安全分发和播出能力。融媒体互动内容在各种终端上传播、分发需要在内容监管、系统稳定性上做分级管理和控制。

第五，利用大数据技术，通过各种互动活动，记录用户的行为，为广播电视节目做用户数据分析或者广告精准投放提供数据支撑。[①]

张韬等人的这一基于社交媒体的融媒体互动系统，对于在智媒生态下的视听主流媒体如何机制化地主动进行视听互动，具有一定的借鉴性。

三、视听主流媒体互动场景的形成与契合

智媒生态下，视听内容的存在方式绝不仅仅是视听内容本身，因为视听内容总是处在传播者和接受者双方的互动关系当中。视听交互已经融入人们的视听消费过程，具体体现在特定互动场景的形成与契合过程中。

人们在观看电视时微信摇一摇，在观看网络视频时主动发送弹幕，在观看短视频时被算法推荐内容……这一系列视听场景虽然具有差异性，但对具体场景的契合是一致的，即用户在不同视听场景中采取主动互动的倾向。新视听技术和平台的发展触发了用户新的交互能力，并强化了人们通过各种新媒介技术进行视听的交互行为，从一定程度上颠覆了视听主流媒体原本独占鳌头的传播生态和规则。随着无线网络的发展和普及，人们观看各种视听内容有了表达想法和情绪的渠道和技术条件。从技术上来说，无论是接收端还是传播端，随时随地进行沟通和交流已经没有障碍，无交互不传播的视听新场景已然形成。

当下，电视的开机率在持续下降，人们在电视机前的驻留时间也在不断缩短，而与此同时，用户用于视听的时间在不断增加。这一升一降说明目前视听主流媒体还有很大的提升空间，但需要转变固守客厅单一场景的观念。更多视听新媒体平台分散了人们相对有限的注意力，用户满足自身视听需求的视听习惯和偏好发生变化了，这必然要求视听主流媒体寻找新的突破点，而重点在于对互联网优势与视听主流媒体优势的融合，扩展多视听场景。

---

① 张韬、杨君蔚、曹忠：《基于社交媒体平台的融媒体互动系统设计与实现》，《科技资讯》，2016年第28期。

智媒生态下，视听主流媒体所要应对的是：如何激活用户多元化的视听需求，与各种视听内容相契合，并保持媒体触达率，这的确是一个很复杂的问题，而"互联互动"是一个非常重要的切入点。互联互动是对媒介传播生态环境的一种描述，所有的媒介、应用端口等联系都是互联互动的，尤其是在5G的加持下，万物互联成为可能，在智慧屏遍在的情况下，视听主流媒体需要主动实现跨屏传播，促成多屏互动。

对视听主流媒体而言，这种互联互动在用户之间、用户与媒体之间形成了视听信息持续流动的回路，对自身最大的影响就是能够直接影响视听主流媒体在各种媒介平台上播发的视听内容（新闻事件、娱乐事件等），这促使用户更加积极地参与视听生产传播过程，主动促成与自身视听需求密切相关的场景形成。

第二节　作为社交关系链的构建

托马斯·弗里德曼认为："我们必须从一个只把人与人、人与软件相连的网络，变成我的任何软件都能跟你的任何软件相连的网络，唯有到了这个地步，我们才能真正地一起工作。"[1] 从这个角度来看，智媒生态下，视听主流媒体与用户体现出关系网络的构建。换言之，视听主流媒体、用户等主体通过"互动"所体现的不仅是一种围绕视听内容的交流沟通，也不仅是一种视听媒体接触与反馈的行为，更是一种基于互联网技术和视听内容相融合构建起来的"社交关系"链接，一种基于数字化多智媒生态平台和视听内容呈现构建起来的创新途径。

一、视听节点互动关系取代传受传播关系

基于点对面传播的传统视听主流媒体，缺少即时互动、实时反馈的技术条件支持，互动性较弱。一方面，媒体与观众之间的空间距离大，观众很难与媒

---

[1] 托马斯·弗里德曼：《世界是平的》，湖南科学技术出版社，2007年版，第102页。

体就播放的节目内容进行直接互动；另一方面，视听主流媒体收视的地域性限制了视听内容的覆盖面，这种视听传播具有很大的闭合性，缺少用户与视听主流媒体之间的互动、不同视听主流媒体之间的互动、不同地域用户之间的互动。

同时，这也造成了一个结果，就是视听节目内容成为视听主流媒体的稀有资源，无论在视听内容上还是形式上，都缺乏创新的动力，同样的视听内容可以反复播放，内容生产传播完全由视听主流媒体所掌握。至于效果如何，通常可以采用街巷口耳相传的方式（口碑情况）或者座谈的方式来了解观众对视听节目的满意度，或者通过调研公司进行相应的视听数据分析，来了解人们对视听需求的满足情况。这种孤芳自赏式的互动模式，得出的数据相对而言是模糊的、间接的。

智媒生态下，互联网技术发展使视听信息传播突破了时空限制，为用户与媒体之间的交互行为提供了更多可能性，用户与视听主流媒体兼具视听内容的生产者和传受者的双重身份，成为立体化视听网络的不同节点。视听传播从节点开始，到节点为止，纵横交错，以节点链接形成不同视听场景。因此，随着传播速度的提升，瞬间传播、反馈和共时性不断地扩展人们的交互距离。随着信息技术和平台不断创新，视听内容、传播形式由单一型转变为复合型，传播交互的可能性在不断地扩展，由此形成复杂的交互网络。无论是传播者，还是接收者，都成为立体视听网络中的一个节点，并可以实时影响着其他的节点。

视听主流媒体作为一个视听节点，与其他不同节点形成普遍的互动关系，构成了多节点网络的一个有机部分。在这个过程中，视听节点传播逐渐取代了传统意义上的传受传播，原有视听资源中心传播变为了视听内容协作平台节点传播。

节点传播的意义在于传播者与接受者关系的变化。由被动接收视听内容，到主动接收并传播视听内容，"去中心化"弱化了视听主流媒体在视听传播中的中心位置，同时强化了"草根"个体和群体，形成新的视听中心节点。它通常是分散的，围绕多元化的视听需求、视听创作和视听传播，聚合在一起，通过节点互动，视听主流媒体对视听内容生产、传播等流程发挥影响。简而言之，节点互动传播淡化了视听主流媒体传统意义上的中心作用，而形成了平等交互的新方式，在多元化视听传播主体中发挥新的引导作用。

二、视听节点交互延伸弱关系和强关系的聚合

承上而言,在智媒生态下,各种视听传播是以不同的节点进行的,节点与节点之间形成了不同的关系网络,视听主流媒体与用户等网络中的其他节点之间形成了相对平行的关系。依据不同的关系网络路径,视听内容不断地扩散,每一次的点赞、关注和转发,都直接影响着视听节点关系聚合广度和深度。借鉴六度分割理论[①]、三度影响力理论[②],这种视听节点关系聚合主要包括强关系和弱关系两种。

(一)视听强关系

强关系是发生于能够直接联系、频繁交流的节点之间的关系。节点间同质性较强(即交互的节点,掌握的信息都是趋同的),节点与节点之间的关系紧密,一般有很强的情感因素维系着节点之间的关系。

强关系的形成一般与现实生活中的关系、互动频率和认同关系等因素相关,而且在信息传播的初始阶段起着重要的作用,信任度较高。强关系节点之间对视听信息的转发、点赞和关注是与人际关系密切度相关的。尤其是对于重要资讯类的视听内容,用户基于对视听主流媒体的公信力、权威性等认同,形成这一视听强关系,更倾向于从视听主流媒体中获得视听内容,可能形成视听信息茧房效应。

与此同时,由于视听内容传播的多元化,用户在跨平台对不同视听传播主

[①] 六度分离(六度区隔)理论(Six Degree of Separation),又称作六度分隔(Six Degrees of Separation)理论。1967年,哈佛大学的心理学教授斯坦利·米尔格兰姆(Stanley Milgram,1933—1984)想要描绘一个联结人与社区的人际联系网,做过一次连锁信实验,结果发现了"六度分隔"现象。简单地说:"你和任何一个陌生人之间所间隔的人不会超过五个,也就是说,最多通过五个中间人你就能够认识任何一个陌生人。""六度分隔"说明了社会中普遍存在的"弱纽带"发挥了非常强大的作用。有很多人在找工作时会体会到这种弱纽带的效果。通过弱纽带人与人之间的距离变得非常"相近"。

[②] 尼古拉斯·克里斯塔基斯(Nicholasa A. Christakis)2013年提出,六度分隔在社会网络上的传播遵循了"三度影响力原则"(Three Degrees of Influence Rule),也就是说我们的行为、态度、情绪都会在我们所在的社会网络中三度分隔之内泛起涟漪。我们可以影响身边三度分隔之内的人,即我们可以影响我们的朋友(一度)、朋友的朋友(二度)和朋友的朋友的朋友(三度)。同时,我们也受到这三度分隔之内的人的影响。如果超过三度分隔,这种影响力就会消失。六度分隔其实只能传递信息,是一种弱连接,而三度分隔是一种强连接,传递的是行为,这种行为会影响一个人的决策。

体进行比较后,这一视听强关系可能会受到冲击,导致在一定程度上削弱视听主流媒体的传播力、影响力、权威性及公信力。特别在视听传播关系构建更为便捷的情况下,用户—视听主流媒体之间强关系影响会变得脆弱。简而言之,直接关联的强关系并不导致必然的影响效果。

(二)视听弱关系

弱关系则是发生于间接联系、交流不频繁的节点之间的关系。根据美国学者格兰诺维特有关"弱关系的力量"的假设:弱关系促成了不同群体之间的信息流动。弱关系传播了人们原本不太可能看到的信息。由一个人的弱关系分享的信息此后不太可能被局限于小范围内。因此,看到一个弱关系分享的内容,会导致一个人分享该信息的可能性增加近10倍。相比而言,由强关系分享的内容则只会增加6倍。简而言之,弱关系最有可能向其他节点提供一些他们原本难以获取的信息。[①]

智媒生态下,节点间的弱关系对视听信息扩散范围发挥着重要作用。在视听弱关系下,人们对视听信息的传播扩散一般是个体基于视听信息本身价值直接判断后的行为,而非视听内容制作者的意图(当然有时也会一致)。因此,基于视听弱关系的不同节点能突破视听同质化内容的局限,促成视听内容生产、传播种类、范围及价值呈现的多元化。而在视听内容解读和扩散多元化的情况下,视听弱关系产生的影响更具有不确定性,使得视听内容的传播具有形成多向热点的可能,视听传播效果变得复杂化。

(三)视听强关系和弱关系的融合

按照社会网络的分析方法,总体来看,社会网络中由点度中心度、中间中心度、接近中心度(整体中心度)等指标来衡量某一节点的影响力。由此,若是从以上视听强关系和视听弱关系两个层面来理解的话,视听主流媒体在整个视听节点关系网络中,借助点度中心度、中间中心度、接近中心度等衡量指标分析视听主流媒体在整个视听网络中的位置和影响。

---

① M. S. Granovette, "The strength of weak ties", *American Journal of Sociology*, 1973, Vol. 78, No. 6, pp. 1360—1380.

应该注意的是，视听主流媒体与不同节点间具有的视听强关系或弱关系，不能必然说明其传播力、公信力和影响力即"三力"的大小，而是可以从一定的视角来分析不同形式的视听互动塑造情形。视听主流媒体点度中心度，可以统计与视听主流媒体直接相连的点的个数；中间中心度用来衡量视听主流媒体作为"中间人"的程度，可以控制其节点的交往互动的数量；接近中心度可以用来分析视听主流媒体和所有其他节点的接近性程度，从而更为客观、全面地理解对不同节点所产生的视听影响效果差异。

传统媒体环境下，受众与媒体之间通常表现为强关系，但是就视听内容的种类和范围等而言，相对有限。智媒生态下，用户与媒体之间不仅具有视听强关系，还具有视听弱关系，这在很大程度上扩展了视听内容生产的种类、传播的范围等。传统视听主流媒体如何突破原有的传播关系的阻碍呢？

智媒生态下，无论是视听强关系还是视听弱关系，体现的都是立体化视听网络中节点传播关系的构建。视听主流媒体也是其中的一个节点，其对视听内容生产和传播的垄断性已经转向了与用户等多元主体节点的实时交互性。因此，"对接入口级平台的流量资源，利用本土化资源优势成为连接各类社会资源供需关系、实现变现的连接中介及'节点'"①，不失为传统视听主流媒体破解融合渠道失灵难题的有效思维之一。

由内容关注向行为培养的变化，体现了视听主流媒体围绕用户的视听弱关系和强关系的进一步融合。特别是移动设备、软件和 App 将视听交互行为变得更为丰富和便捷。技术工具和设备的便捷性大大降低了互动的门槛，触发了用户围绕视听内容在多元平台上进行（实时）互动的行为，打造了一个资源开放、内容聚合的新视听媒体平台，改变了传统视听主流媒体的单线性运作流程和封闭的价值循环，形成了新的互动聚合平台和业务融合平台。

三、视听主流媒体社交互动体验的提升

（一）电视网与互联网的融合互动

智媒生态下随着互联网的发展、多种媒体融合的推进，多样化交互服务的

---

① 王晓红：《新型视听传播的技术逻辑与发展路向》，《新闻与写作》，2018 年第 5 期。

技术开始为视听主流媒体所使用，包括数字电视节目、互联网浏览、在线影视非实时点播、实时直播、信息咨询、教育及商务功能。这种互联网功能的嵌入，对应的网络电视结构一是通过集中的中央视听资源对外播放（有线电视网），二是通过视听资源服务器提取内容进行播放（"互联网+"）。随着中国广电作为第四个电信运营商的成立，视听主流媒体已经进一步融合于智媒视听传播网络体系构建中，并将电视网与互联网相融合，适应智媒视听数字化发展的趋势。

有学者认为，"互动是新型视听传播不同于传统电视传播的本质特征及根本优势所在。从技术发展逻辑来看，未来的技术发展一定在更逼真、更便捷地还原现实的人际交互情境，即更好地呈现人们面对面体验的丰富性、带入感，促进人的深切体验和深度参与"①。电视网与互联网的融合是三网融合的应有之意，视听主流媒体可以充分利用两者融合实现多种形式的内容呈现，将新视听媒体技术嵌入视听互动中，提升用户的视听体验。喻国明教授认为，"交互和关系创造用户的体验，而这些体验反过来又影响到以后用户的行为和态度"②。在互动的过程中人们对视听主流媒体的认可度，促进用户媒体触达率的提升，尤其是短视频的发展进一步将社交互动关系嵌入视听内容生成—传播—体验的过程中，将长视频分为不同的短视频，在不同视听场景中凸显其不同的意蕴指向，丰富了用户的视听内容体验。

（二）新视听技术提升互动真实感

随着新视听技术的发展，围绕视听内容进行互动的真实感得到提升，用户拥有了获得了"远在天边，近在眼前"互动体验的条件，将单一"屏"中收看的视听内容转为"屏—屏"交互的视听内容，而5G技术提升了流畅度，4K技术极大改善了画质，VR技术所营造出的强烈沉浸感，以及各种应用App为用户提供的可供选择的互动模式，使得视听交互视频为用户与视听内容之间的契合和连接提供了前所未有的互动真实感。

尤其是VR技术在视听主流媒体节目中的应用，虚拟现实360度视频是一

---

① 王晓红：《新型视听传播的技术逻辑与发展路向》，《新闻与写作》，2018年第5期。
② 喻国明：《媒介革命：互联网逻辑下传媒业发展的关键与进路》，人民日报出版社，2015年版，第149页。

种球面视频,它不同于传统视频,允许观看者在球心左右360度、上下180度观看视频,这能够带给观看者沉浸式观看体验。虚拟现实视频具有高分辨率、沉浸性、交互性等特点,虚拟现实视频的观看依赖于虚拟现实输出设备,目前虚拟现实输出设备包括外接式VR头盔、VR头盔一体机和智能手机VR眼镜。外接式VR头盔依靠外接电脑、主机等设备运行系统;VR头盔一体机则将内容与显示设备集成在一起;智能手机VR眼镜通常也被称为手机盒子,主要是以智能手机为运行系统和显示设备,搭配VR眼镜(盒子)实现内容输出。[①]

作为新一代视听标配装置,VR不仅仅提供了一种视听设备或技术,"比起机器设备,VR首先是一种体验",进一步而言,"VR是一种建立在技术层面的个人体验,它通过广泛叠加多层社会关系和意义,将技术世界及其对自然的表现融合起来"。[②] 对视听主流媒体而言,互联网电视提供了互动的功能,而VR不仅给用户提供自由选择视听内容的权利,而且使用户主动地参与视听内容,以互动的方式对视听内容进行择选和评判,进而直接影响视听内容的生产和播放。由此,视听主流媒体可以通过越来越多的交互技术和交互模式塑造新的视听媒体生态环境,使用户沉浸于物理时空和虚拟时空交互的视听场景中。VR也成为智媒生态下视听主流媒体契合元宇宙场景发展,打造智慧视听、智慧传播的重要支撑技术之一。

(三)视听互动的类型

智媒生态下,视听主流媒体与用户的互动包括以下三种类型:一是用户通过控制播放视听内容的进度、时间等进行互动;二是用户通过视听主流媒体的平台与视听内容进行互动,直接影响视听内容;三是用户不仅与视听内容进行互动,而且能够通过各种媒介平台与其他用户进行实时互动。这些互动通常是由用户主动触发的,互动的主动权不再完全基于视听主流媒体,互动的频度、互动的主题及互动的主体都具有了不确定性。

如此,视听内容不再仅仅是观看的对象,而且成为各方参与互动的对象,

[①] 徐才、陈珺:《5G时代下VR360度视频在新闻行业的应用研究》,《中国新闻技术工作者联合会2021年学术年会论文集》,2021年。

[②] 杨慧、雷建军:《作为媒介的VR研究综述》,《新闻大学》,2017年第6期。

视听主流媒体、用户彼此沟通交流的渠道得以打开,其表达欲望得到释放。视听主流媒体要充分围绕用户视听需求和视听习惯积极促成各种互动,通过扩展用户的视听体验,来扩展视听传播的边界,以利于培养更多的潜在用户;将用户变成粉丝,同时把散落在新媒体矩阵上的粉丝变成用户,线上线下形成关系闭合,形成无缝视听传播。

四、社交互动思维的日常化

比尔·盖茨说"电视是被动的娱乐,而人们需要的是互动性的娱乐"[1],他敏锐地指出了智媒生态下视听主流媒体所应着力之处——社交互动。新媒介技术将用户拉入互动性娱乐中,使得用户可以实时参与视听娱乐传播的过程。智媒生态下,互动的方式更为灵活便捷,用户娱乐休闲的需求也得到新的变化。技术的发展,使得视听生产传播不再垄断于少数人手中,而是人人可参与、人人可传播。正如尼葛洛庞蒂所说,每个人都可以是"一个没有执照的电视台"[2],体现了传受一体、实时交互的视听新思维。

这种观念贯穿到视听主流媒体视听的生产与传播中,更多谈话类节目、娱乐类视听内容中无不加入用户的实时参与环节,实现了跨越时空的多点切换和多维互动,并以丰富多样的互动方式,使得用户之间、用户与节目之间、用户与媒体之间形成有效呼应和联动。优秀的视听内容可以由视听主流媒体或用户自发进行二次创作,在微博、微信等社交媒体平台和抖音、快手等短视频平台形成二次甚至多次传播,促成热点话题并引起用户广泛的讨论。对视听主流媒体而言,一方面吸引用户收看完整的节目,增加节目的曝光度;另一方面收集用户反馈,对节目做出针对性的调整。而对于用户而言,"在这一行为中,人们把原本对象化的内容变成了自己的生活,而传播行为或活动本身变成为内容生态的一部分,成为可以使用的一部分,这种参与、分享、使用的模式对于我们的生活方式和观念需求来说,是一个深刻的变化"[3]。

智媒生态下不同媒介间的融合和渗透,引发了彼此间的交叉换位。各种媒介及其应用与传统视听主流媒体的密切融合和整体互动,扩展了视听传播领

---

[1] 徐峰:《新传播形势下电视的"互动"发展》,《青年记者》,2012年第8期。
[2] 尼葛洛庞蒂:《数字化生存》,胡泳、范海燕译,海南出版社,1997年版,第205页。
[3] 王晓红:《新型视听传播的技术逻辑与发展路向》,《新闻与写作》,2018年第5期。

域,通过延伸传统视听节目的传播,视听主流媒体构建起一个综合的视听生态环境,使视听主流媒体与各种媒介平台实现有效融合。2021年6月,华为正式发布万物互联时代的分布式跨屏操作系统鸿蒙2.0,它可将智能手机、电脑、平板、手表、眼镜、音箱、VR设备、车机、智慧屏等多终端互联起来,这也为电视新闻媒介的未来融合应用与发展打开了通道。[①] 作为手机生产商的小米公司,也从手机端入手,利用多个设备共同开发创新,构建小米智慧生态,包括智慧视听生态。这种智媒生态的移动端与多种智能技术相融合的发展趋势,进一步增强了社交互动思维在视听传播中的日常化。

第三节　视听主流媒体互动的突破

我们继续探讨智媒生态下视听主流媒体互动的突破问题。主动互动不是视听主流媒体的传统优势,单向强势传播的理念深刻影响着其视听内容生产传播的流程。但是随着媒体融合发展,互动技术被不断引入视听内容的生产流程,互动的理念逐渐渗透于视听主流媒体实践,在视听形式和内容上不断探索实现互动的突破。

一、遵循用户需求导向的视听互动

视听传播不再是以传者为中心,而是转为以用户需求为导向。一方面,用户的视听需求在视听内容的生产、传播目的、步骤及传播的方式上得到体现和满足。尤其是随着移动互联网络的普及,手机成为人们普遍使用的视听介质,手机与网络、软件、应用的无缝衔接,即时互动正在扩展到各种视听传播中。

另一方面,传统视听主流媒体逐渐拥有多屏分发、用户互动、数据采集等功能,促进视听主流媒体服务水平的提升。视听主流技术融合媒体在互动技术方面开展了一些技术创新,通过台网互动实现跨屏互动,这大大提高了广播电视媒体的收视率,为视听主流媒体互动业务拓展、业务创新提供强有力的技术

[①] 宋美杰:《万物皆媒:5G时代的媒介变革与创新》,《中国报业》,2019年第7期。

支撑。[①] 因此,视听主流媒体和手持移动智能端的用户拥有了实时互动的条件和可能。

二、VR 技术驱动的沉浸式视听互动

随着媒体融合的进一步发展,人们的视听行为方式、思维方式发生了变化,前文曾论及 VR 技术对互动真实感的影响,这里进一步就 VR 等技术的引进对丰富视听主流媒体视听互动的内涵和效果进行探讨。

(一)VR 技术视听交互的引入

社会视听生态环境发生了改变,借助微型传感器、微型接收器等,互动更为便捷。在 VR、AR 等虚拟现实技术和 5G 通信技术的加持下,结合计算机系统图形和各种现实控制接口设备来模拟现实,生成真实或虚拟的三维环境,通过视觉、触觉、听觉、嗅觉和其他感官体验连接用户,人们进入浸入式互动。

IDC(Internet Data Center,即互联网数据中心)《2021 年第二季度增强现实与虚拟现实市场追踪报告》显示,2021 年全球市场 VR 头戴式显示设备预计出货 837 万台,其中中国市场 2021 年 VR 头显预计出货 143 万台。未来五年,中国市场 VR 出货复合增长率为 69.4%,AR 头显复合增长率为 109.9%。根据中国信通院预计,2024 年全球虚拟设备出货量可达 7500 万台,其中 VR 设备占 3300 万台、AR 设备占 4200 万台。

视听主流媒体对 VR 等虚拟技术的使用,改变了实景拍摄的单一性,带来了丰富性的互动性视听内容呈现,激发了人们的想象力,使用户可以体验身临其境的经验,并创造一种沉浸感。技术交互成为视听收看的重要条件和方式。

(二)娱乐类视听内容互动与沉浸感

2021 年,央视春晚首次运用"AI+VR 裸眼 3D"演播室及交互式摄影控制技术进行节目形式创新,为观众带来了一场沉浸式体验晚会。"AI+VR 裸眼 3D"技术重构了传统的表演舞台,突破了空间和场景限制。借助 VR 等虚拟交互技术,用户可以沉浸在视听娱乐互动的享受中。2022 年元宇宙概念被

[①] 颜光平:《广播电视台融合媒体跨屏智能识别互动技术分析》,《科技传播》,2017 年第 6 期。

热烈讨论，使得 VR、AR、MR、XR 等技术与仿真技术一起成为强化视听内容互动与沉浸感的重要凭借。

（三）交互式新闻与沉浸感

VR 技术运用于交互式新闻报道，可以提升用户的沉浸感。视听主流媒体强调新闻立台，新闻视频内容在整个视听格局中占有十分重要的地位。新闻，尤其是硬新闻可以满足人们对周围环境认知的视听需求。但是，随着信息的碎片化及信息的病毒式传播，这些传统意义上的视听内容受到了极大的冲击。融合媒介交互技术的使用改变了新闻报道与用户视听体验的互动层次。如在 2019 年"国庆 70 周年阅兵"报道中，新华社在长安街两侧设置 VR 机位，使用 VR+5G+8K 技术对阅兵仪式全程直播，分别在新华社新闻直播大厦、人民大会堂、西观礼台、广场西、西华表、国旗区、东华表、广场东观礼台、广场东、国家博物馆、东单、华贸桥 12 个地方布置点位，观众通过 VR 直播，身临其境地感受到气势恢宏的阅兵现场氛围。①

当前，这一交互式新闻的新形式不仅在于对 VR 等技术的应用，而且在于真正地使用户介入新闻过程，满足用户的参与需求，这增强了新闻报道的互动感染力，鼓励视听主流媒体与用户采取行动，主动地创新编辑视听内容或延伸出新的视听内容，提升新闻报道的视听效果。

（四）VR 技术使用问题

VR 技术的确为视听主流媒体与用户互动提供了新的可能，但技术的偏好也可能造成某种偏颇。整体而言，当前对 VR 等虚拟现实技术的使用，仍注重技术本身，这在一定程度上导致重要的视听内容被形式上的炫目掩盖，过分追求外围因素的视听呈现，就可能偏离重要信息及其意义本身的表达。从形式上看，目前的 VR 形式大体是由多个场景和简单解说组成，视频提供的信息主要由解说传递，视频画面本身传递的信息量较少，因而缺少发展后劲。

智媒生态下，用户注意力从如何理解专业化的视听内容，转为自己感兴趣

---

① 徐才、陈珺：《5G 时代下 VR360 度视频在新闻行业的应用研究》，《中国新闻技术工作者联合会 2021 年学术年会论文集》，2021 年。

的视听内容的转发和交流。因此，视听主流媒体需要从视听内容形式上的播放转向视听内容细节上的互动，运用VR技术，实现用户与内容、用户与用户的沉浸式互动。

三、多元视听价值延展的视听互动

从智媒生态趋势来看，目前视听主流媒体正趋向从设备—渠道—技术的融合，转向内容—平台—服务的融合，重点在于交互行为的养成，进而满足用户多样化视听需求。用户间的直接互动促发了作为媒介的广播电视由单向传播向多向互动的转变。毕竟视听内容的影响力、作用力不在于视听内容本身，而在于它能够通过交互作用呈现在更多的用户面前，呈现于普遍公众场合：交互实现了视听主流媒体视听价值的突破。

（一）视听内容生产新平台互动的价值突破

用户互动生成的视听内容构成了人们的视听资源，是整个大视听生态环境的重要组成部分。用户的视听内容生产不一定是专业化的，却是最为直接的视听来源。用户将这些内容上传至互联网，在不同的平台上互动共享，尤其是围绕与视听主流媒体相关的视听内容进行互动时，就大大提升了视听主流媒体视听资源的价值。

在重大事件发生时，用户通过"两微一端"与视听主流媒体互动，可以为传统视听主流媒体提供实时热点话题发展走向。视听主流媒体可以依托微博、微信、抖音等新媒体弥补自身时效性不足的缺陷。

视听主流媒体应该充分挖掘"两微一端一抖"等新平台互动的价值。抖音、微博、微信已经成为引爆视听热点的三个最重要的平台。视听主流媒体与微博、微信等新平台的融合，可以实现官方内容与用户反馈的互动，在获得新视听资源的同时，也使得自身的视听传播更有针对性，延伸了视听内容生产在不同平台价值开掘的深度。

（二）视听主流促成多方互动的价值突破

智媒生态下，互动的视听生产实质是一种全新、开放性的视听生产，以共享和智能化的系统为基础，这与传统视听主流媒体的传播方式不同。新智媒生态平台具有草根性、自媒体性等特点，每一个用户都可以成为视听信息的生产者、发布者、传播者、编辑者、评论者。从技术层面来看，视听主流媒体、用户在各种平台上形成了大小不同的互动节点聚合，借助这些聚合起来的节点群体的不断互动，实现视听内容的裂变式传播。

在这一过程中，视听主流媒体作为一个重要的传播节点，担当的角色举足轻重。其定位是成为用户间、用户与媒体间、媒体与媒体间、不同平台间进行互动的中心，而不仅是发布视听信息的中心。正是依赖于更多的节点互动，视听主流媒体才能实现视听价值的扩展突破。

（三）新视听互动生态提供新价值契机

要明确的一点是，智媒生态下，视听主流媒体不是为了视听互动而视听互动，而是基于满足用户视听需求，主动引导视听生成传播流程，与用户共同自主开掘视听新价值。基于这一点，视听主流媒体应主动采取各种方式，围绕视听内容和用户视听需求，主动激活多元化的"视听互动"，激活视听生产、传播过程中的新价值。企鹅智酷研究数据显示，资讯类产品的互动通常依赖"评论"板块，在中国资讯用户中，超过70%的人经常浏览网友评论，这一潜在的消费欲望，如果能有更好的内容激活，就有望成为新流量增长点。经常发表评论的资讯用户，占比约13%，激活、管好这部分用户，是资讯产品互动生态中的关键任务，直接影响着整个互动的质量和活跃力。[①]

用户主动互动的需求被释放出来，成为新视听互动生态中最具活力的因素。不同视听节点间频繁互动，视听内容生产及其消费方式、视听资源及其配置方式、视听内容的形态、视听市场系统与模式、视听组织结构与机能等都发生了深刻变化，这些要素彼此作用，最终呈现出全新的视听传播生态。不同用户的媒介接触和视听需求、视听主流媒体与不同视听节点之间互动，形成不断变动的数据流，从而将不同的视听互动聚合起来，构成了立体化视听网络丰富的数据池。

同时，用户间的互动行为在提供视听偏好数据时，通过不断地点击观看、点赞转发，甚至是新的片段加工等行为，不断地创造出新的视听资源。视听主

---

① 企鹅智酷：《2017中国新媒体趋势报告》，2017年11月16日。

流媒体要成为整个大视听传播格局的中心节点，则需要不断地吸收由用户多元化频繁互动创造出的这些视听资源，主动在多元化媒体融合平台上呈现，并主动为激活用户更多的互动提供多种平台和方式。视听主流媒体与用户之间的关系数据彼此影响，形成互动互塑的视听新生态。

四、多形态探索的视听互动

智媒生态下，"无互动不传播"思维在视听传播的实践中被逐渐应用，视听主流媒体在互动方面进行了相关的探索和实践。

（一）视听主流媒体的互动探索

1. 全媒体互动的设置

当下，随着媒体融合推进，各级视听主流媒体均已组建智能融媒体互动演播室，通过将文字、声音、影像、动画、网页等多种媒体表现手段相融合，突破原有的广电网络等传统形态，融入互联网络，进行全媒体互动的设置，实现与用户通过多种终端完成视听内容融合互动的目的，通过融媒体内容互动咨询系统将各种视听咨询信息等聚合，完成智能分发和互动，以满足用户对新闻、综艺、影视剧等多种类视听内容互动的需求。

智能融媒体中心系统可以通过与视听数据的实时对接，直接读取各种视听数据，转换成图像、图表等更直观的内容和方便新闻节目丰富展现的形式。通过系统实时筛选、抓取数据，主持人可以使用 iPad 实时与观众互动，与大屏做交互联动，通过控制大屏播出内容，形成大小屏实时互动。同时，系统还可以根据不同的节目风格和播出形式，自主设计、定制专属的节目模板，结合虚拟前景效果，融大屏 4K/8K 包装渲染、互动点评、虚拟前景、资讯汇聚、图文点评等多种媒体技术于一体，整体提升节目的互动性和观赏性。

智媒生态下，随着互联网和演播室融合，视听主流媒体将传统电视技术与融媒体技术融合应用，融媒体演播室成为连接节目制作和用户、观众的核心节点。融媒体互动资讯汇聚系统采用融合架构设计，支持与新闻网、制作网、全媒体平台及其他第三方平台的实时对接，可以接收短信、微信、微博、网站、外电、微视频、抖音等多种信息，实现外部资讯数据的安全接入、外部素材的导入等功能，将接收到的信息进行主题分类并在统一界面展示、筛选。作为智能融媒体资源管理平台和数据中心，视听主流媒体的节目制作人员可在系统收集到的各类信息库中查找相应的数据信息，并能够将所需的视听内容发送到节目制作播出系统中，实现播出内容即时更新。

2. 移动互动的视听用户关系构建

当下，移动端、智能硬件（微传感器、微处理器等）、智能应用（直播、短视频等）正深刻影响着整个视听生态环境，尤其是强化了用户之间的互动关系。随着媒体融合的推进，移动互联网的发展，用户大规模转移到多媒体融合平台。在社交媒体上进行交友、娱乐、购物和获取各种新闻，用户间的互动成为一种基本的生活方式，手机等移动智能终端和无线网络重塑了一个关系网络。

2022年8月31日，中国互联网络信息中心（CNNIC）发布第50次《中国互联网络发展状况统计报告》，进一步印证了这一趋势。报告显示，截至2022年6月，我国网民规模达10.51亿，较2021年12月增长1919万，互联网普及率达74.4%。我国网民的互联网使用行为呈现新特点。一是人均上网时长保持增长。截至2022年6月，我国网民的人均每周上网时长为29.5个小时，较2021年12月提升1.0个小时，互联网深度融入人民日常生活。二是上网终端设备使用更加多元。截至2022年6月，我国网民使用手机上网的比例达99.6%；使用电视上网的比例为26.7%；使用台式电脑、笔记本电脑、平板电脑上网的比例分别为33.3%、32.6%和27.6%[1]（如图2-1所示）。

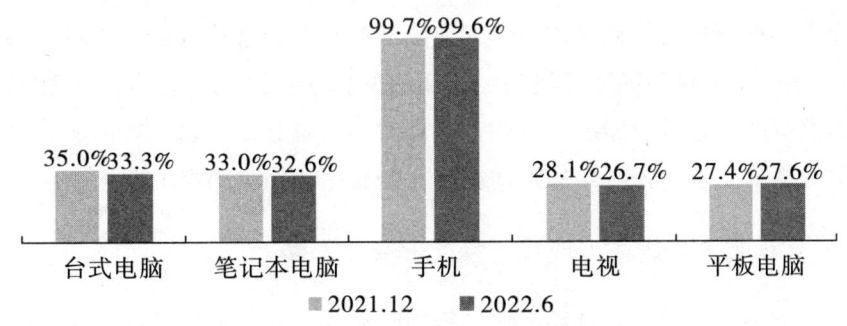

图2-1 互联网络接入设备使用情况

来源：CNNIC第50次《中国互联网络发展状况统计报告》。

---

[1] 数据来源参见第50次《中国互联网络发展状况统计报告》，中国互联网信息中心，2022年8月。

移动端嵌入日常生活，成为用户视听关系构建的关键一环。腾讯、字节跳动等新视听媒体平台，以及各级视听主流媒体都在不断主动优化互动，建立与用户密切的关系。

（二）视听主流媒体移动互动的突破

随着媒体融合不断深入，实时互动已经成为众多 App 的标配功能，视听主流媒体的"即时新闻"功能，使视听内容直接被发布到各个平台上，相比在电视机端的具有仪式感的观看方式，移动平台上聚合的视听内容更便于用户的转发链接、实时评论等互动行为。用户可以通过这一平台进行视频直播、问答互动、发布视听信息，还可以浏览当前社会热门话题，展开实时讨论。视听主流媒体为吸引用户的互动，增强自身的存在感，在努力打造自己视听入口的同时，不断优化视听主流媒体、从业人员和用户之间的互动方式，并提供关联服务，开辟移动平台的视听影响力。

例如，中央广播电视总台在 2019 年推出了基于 5G+4K/8K+AI 等技术打造的综合性视听新媒体旗舰平台——央视频。2020 年，央视频对武汉火神山医院和雷神山医院的建造过程进行慢直播，多机位对准建设工地，吸引过亿网友化身"云监工"，引发轰动效应。央视频的这场举世瞩目的慢直播，充分彰显了 VR 慢直播的媒体价值和社会价值。

同时，围绕短视频形成了一系列视听 App，如快手、抖音等，各级视听媒体建立多种形式的移动媒体矩阵（如以江苏广电的荔枝云为主体搭建的媒体矩阵），吸引了大量不同年龄段的活跃用户驻留于不同的平台。由此改变了视听传播的流向，通过智能手机将相似兴趣的用户聚合在一起，对特定的视听内容进行分享、交流，视听主流媒体得以在智媒生态的移动端占据优势。

（三）视听主流媒体促成视听社交分享生态圈

智媒生态下，用户通过移动端进行视听交互行为，不仅是进行视听内容的交流，而且是在做多元社交关系的构建。视听主流媒体参与、引导用户围绕视听内容进行互动，是社交关系时代信息传播路径与生态改变的具体体现，形成了互相交织的视听社交分享生态圈。每一位用户都是传播链中的一个节点，多位用户互动即为多点互为链接，形成不同的圈层结构；节点之间、圈层之间的有机互动，最终形成视听传播的环路，强化了视听内容传播与用户的关联度，加快了视听内容多重意义的流动速度，并随着社交关系的构建，增加了视听传播内容的可信度和影响力。因此，视听主流媒体获益于由视听社交生态圈带来的媒体触达率和黏度的增加。

进一步而言，视听主流媒体想要获取用户深度黏度，应激发用户围绕视听内容进行互动的社交需求，使话题种类和涉及的范围更加广泛，通过构建新型的用户关系，增强用户对视听内容生产传播的参与感，使其主动对视听内容进行转发链接、发弹幕、发帖、评论、点评等多形式的扩散。

（四）"两微一抖"的互动共赢

智媒生态下，视听传播对用户多元化视听需求的更好满足，不是单纯依赖在"蛋糕"大小已定的用户中争夺注意力，而是通过开辟蓝海，优化"两微一抖"等方式，避开单一广告资源、同质化视听资源的恶性竞争。

新视听媒体技术和新视听应用不断创新用户的互动形式和视听体验。"两微一抖"提供了平台，视听主流媒体可将之应用于视听内容交互体验中。麦克卢汉认为"媒介即讯息"，又说一种媒介是另一种媒介的内容。在"两微一抖"上的内容来自不同的媒介，内容上的创新也来自不同应用的创新，它们本身不生产内容，却成为众多视听内容的主要发生处。智媒生态下，视听主流媒体不仅要做专业化视听内容的主要生产者和传播者，还要做不同的视听新应用和视听新技术的融合者，激活不同用户（或群体）间的互动，增加用户黏度，实现媒体间互动的共赢。

当下，"两微一抖"可以丰富视听主流媒体间的互动，使视听形式多元化，突破各自为政的条块分割局限，不再受到地域的限制。视听主流媒体从做好自身的视听内容到做好全地域、全国范围内视听内容的运营，需要扩展视野，将"两微一抖"中新媒介技术、新应用（软件）等不仅视为一种工具，更是作为一种合作契机，打通不同视听媒体的视听资源共享的通道。中央电视台曾经提出"一云多屏"，而后又提出融媒体中心的设想，其核心都在于"多渠道采集、共平台生产、多终端播发"，以互联网新技术带动整个视听媒体的新格局构建，充分利用海量优质视听内容，扩展包括新闻、视频为核心的视听内容的融合服务，提升视听业务的高效性，加强用户、媒体在不同场景中的互动性。

（五）视听媒体间互动的实质在于共赢

智媒生态下，媒介间的界限逐渐变得模糊，视听内容数字比特化，没有任何一种媒介可以独享成功。移动智能端的普及极大推动了视听业务的发展，使得视听业务从视听主流媒体一家独大发展为多种主体应用共存。当UGC（用户生成内容）、PGC（专业生成内容）和MGC（机器生成内容）等不同的视听内容聚合呈现之时，视听主流媒体所提供的视听内容只不过是整个视听生态中的一部分，甚至未必是能引起用户普遍关注的视听内容。

因此，视听主流媒体要突破原有的视听零和竞争思维，形成媒体互动共赢的新思维。传统零和竞争是基于视听主流媒体在视听传播格局中的垄断性地位，认为通常一种技术的应用带来的市场份额上的增加，必然会导致另一种技术在市场份额的减少，双方加起来的总变化量为零。这是假定用户视听需求总量一定，无法带来总量增加或整体进步的恶性竞争。智媒生态下，新视听技术层出不穷，以互联互动为基本功能，而新应用不断创新，具有很强的嵌入性，能够适应不同视听场景，满足用户的不同的视听需求，这在很大层面上分散了视听市场，视听主流媒体不再是唯一的视听选择——2022年抖音报告显示，其日活达到7亿，微信日活达到9亿。① 单从这两个数据看，视听主流媒体甚至已不是用户主要的视听选择。

（六）构建视听主流媒体有效互动场景

1. 视听主流媒体要形成动态互动链

智媒生态下，各种互动既是为了挖掘视听内容的多元化价值潜质，也是为了更好地聚合人气，通过互动热度来提升用户对视听主流媒体的媒体触达率，增加对视听内容的认可度和满意度。但对于视听主流媒体而言，更重要的是提高用户的换化率，利用互动形成的人际关系网络和社群形成新的运营模式，"这就要求平台围绕用户体验与价值获取设置相关转化路径，把握用户痛点和

---

① 《抖音日活量是多少，2022抖音日活跃度人数》，https://www.wwshidai.com/12661.html。

消费心理变化"①。如此将用户的视听需求转为现实的生产驱动力，从而使视听主流媒体的内容生产和平台构建更具针对性。

视听主流媒体不再做静态的传播链条，而是需要适应视听媒体生态的变化，构建动态互动关系链条。用户尤其是年轻用户，更倾向于使用手机、平板电脑等移动端，在朋友圈、多媒介平台进行分享。这种媒体触达习惯需要视听内容更多地呈现于智能移动端。

2. 视听主流媒体构建有效互动场景

互动需要向移动思维迁移。视听主流媒体需要更有效地互动，针对不同的用户群体进行精准画像，适应并引导用户的视听需求。例如视频播放选择横屏还是竖屏，看似是个小问题，却与手机的使用习惯相关联，需要充分考虑用户视听体验，配适移动视频消费的场景。视听主流媒体不能用电视大屏的观念来处理手机小屏的视听内容，如在手机移动端直播视频时，应充分考虑用户观看视频直播时查看相关的背景信息、参与互动的视听需求，设置相关的界面菜单功能。

视听主流媒体需要确立自身在立体化的视听传播网络中的中心节点位置，在视听内容、形式等方面突破时空的限制，形成有效的场景互动。

五、新指标衡量的视听互动

笔者曾问过不同的视听主流媒体从业者一个问题：什么是评判节目成功的标准？回答主要还是收视率的高低。这在视听媒体垄断视听资源和单一传播渠道时具有合理性。而在智媒生态下，视听资源丰盈，传播渠道多元化，一定时间内，视听主流媒体对某一视听节目在不同平台上互动的情况完全可以实现实时跟踪收集相关数据，而收视率作为一个指标，难以综合评判视听节目。这里反复强调"互动"，是因为视听主流媒体作为"大体量"的组织机构存在，静态的单向传播的惯性思维使其容易忽略新视听媒体在传播过程中的动态变化。随着用户在视听生产和传播过程中的积极性被激活，互动更多是在各个平台上不断发生，而非单一平台。多指标聚合成为衡量视听互动效果的重要依据。

---

① 徐锐：《垄上模式：精准扶贫背景下涉农电视的"平台化"转型》，《编辑之友》，2018 年第 4 期。

进一步而言，智媒生态下互动更趋碎片化、片段化，需要将小屏移动端的传播作为新的指标。视听主流媒体要尽可能推动更多的互动发生，因为有更多的互联性，就能产生越多的使用者。视听主流媒体视听内容的价值随着交互的频度和数量而增加。浙江卫视《奔跑吧，兄弟》、湖南卫视《时光音乐会》《乘风破浪的姐姐》《披荆斩棘的哥哥》、江苏卫视《非诚勿扰》、央视《中国诗词大会》《经典咏流传》等节目促进了人们在网络平台中的互动，节目被剪辑成片段在抖音、快手等平台反复播放，带来了巨大的流量。

智媒生态下，这种视听高度交互性的发生通常是在一定算法限制下产生的，其重点在于视听主流媒体对多种平台的运用和掌控，以不同的特色内容和运营吸引用户，鼓励更多的用户提出问题、分享观点、交流情感、收获见解，促使其最大限度地参与其中。与传统媒介环境下由视听主流媒体主导的与用户的互动过程不同，它通常是用户主动生发的行为，这是在新视听媒体平台中进行的，用户间、用户与媒体平台间的交流孕育了人际沟通新的可能。

基于算法的互动和基于人际关系网络的互动，提升了视听媒体对用户平台、内容及场景视听需求的满足度。视听主流媒体不再是少数人的孤芳自赏，而是彼此间对于周围社会环境认识的交流，对主流文化的认同和多元文化的互动，等等。在智媒生态下，只有实时或者接近实时交流，互动价值才是最大的。因此，对视听主流媒体而言，不是争独家报道，而是要实时激活互动。由此，跨屏、算法、关系等成为新的互动指标。

总之，智媒生态下，视听主流媒体需要将互动思维贯穿视听生产、传播的全过程，通过促成多屏互动、多平台互动、多元用户互动、多种生成内容互动等实现视听主流媒体视听价值、视听影响力的提升。简而言之，智媒生态下互动思维是视听主流媒体的重要思维之一。

第三章 视听主流媒体多平台发展

媒介技术的每一次变革，都会带来视听传播格局的变化，传播者、受传者、视听内容、视听渠道平台等各个环节之间的关系发生变化。智媒生态下，视听内容生成和视听平台构建是视听主流媒体两个发展引擎。本章主要讨论这两个方面的融合。

第一节 "内容＋平台"新视听生态的形成

智媒生态下，视听主流媒体要面对由单一屏向多元屏的变化，平台的作用更为重要和复杂。

一、闭合单平台到开放多平台的转变

传统媒介环境下，平台渠道比较单一，视听主流媒体几乎独占着电视台—电视机—观众这一视听传播链条。因此，传统视听主流媒体更关注视听内容的生产精益求精，没有充分考虑视听平台的优化。

新智媒生态下，视听主流媒体失去了对视听渠道平台的垄断，不同的视听主体依赖于多元化的平台传播、接收各种各样的视听内容。互联网电视、电脑等固定媒介，智能手机、平板电脑等移动媒介都会成为视听传播的媒介，依附在这些媒介上的微信、微博、客户端以及快手、抖音、哔哩哔哩网站等各种视听 App，形成了多种多样的视听平台选择。

内容生成主体也变得更为多样，UGC（用户生成内容）、PGC（专业生成

内容)、MGC（机器生成内容）等不断丰富着视听内容的多样性，也不断地分散着人们有限的精力。单从数量来看，视听内容已经不是稀缺资源，人们在不同的视听平台上进行不同的视听内容消费，平台入口吸引力成为衡量媒体竞争力的重要标准，它显示了用户对视听内容接触的可能。视听主流媒体传统的平台优势和内容优势被打破。

对视听主流媒体而言，目前的着力点不再仅仅是做优质的视听内容，还应做有吸引力的视听平台，如此，视听媒体才能够更好地形成影响力。视听主流媒体拥有"大体量"的机构资金、人才等支持，既可以做自己的视听App、网站等平台，也可以与第三方平台合作。视听主流媒体的关注点在于如何更好地发挥这些平台的功能，比如实时互动、平台界面的人性化等，归根结底是实现从"媒体中心"向"用户中心"的转变。

这需要视听主流媒体以媒体融合的思维方式，加速进行互联互通平台的建设和维护，平台优势才能带来优质视听内容的传播优势，形成广泛影响。"开放、聚合、社交和跨界是未来传统媒体平台化转型的进路"[①]，这并非说内容不再重要，而是说智媒生态下视听内容与视听平台的契合成为发展新重点。

二、内容型媒体向平台型媒体的转变

视听主流媒体要从专心做视听内容，到兼作交互平台和视听内容，准确说是做适合多种平台投放的视听内容或做适合多元化视听内容的平台。前者是以平台为中心形成自身的内容特色，后者是以内容为中心形成自身的平台特色，促使视听主流媒体逐渐由内容型媒体向平台型媒体转变。喻国明教授认为，平台性媒体与互联网逻辑相吻合，本质上是一个开放性和社会性的视听服务平台，这一媒体平台是"让所有个人在上面找到自己的通道，找到能够激发自己活力的资源，这是平台构造的基本特征"[②]。

随着媒体融合的推进，视听内容的传播依赖于平台，平台的多样性和便捷性更迎合了用户视听使用的偏好。各种直播与点播、视频与应用等新媒体业态

---

① 徐锐：《垄上模式：精准扶贫背景下涉农电视的"平台化"转型》，《编辑之友》，2018年第4期。
② 喻国明：《媒介革命：互联网逻辑下传媒业发展的关键与进路（代序）》，人民日报出版社，2015年版，第7页。

已经融入视听主流媒体之中。无论是终端还是平台，都与移动互联网连接，实现了大数据价值与视听主流媒体价值的融合，将视听内容数据与用户行为数据结合起来，产生数据融合价值，提升视听主流媒体的价值维度。电视机、收音机不再具有垄断性，智能化视听终端平台在不断地丰富着人们接收各种视听节目内容的方式：电脑、平板电脑、智能手机不一而足，而各种App则强化了各个平台的优势。

当下，视听主流媒体不仅在做内容，还正在打造视听融合平台优势，将视听内容和服务与用户视听需求和场景相契合，只有将优质平台和优质内容相契合，才能取得最佳的传播效果。

三、"内容＋平台"新视听生态形成

对视听主流媒体而言，目前阶段的竞争不仅仅是视听内容和视听产品的竞争，而是已经上升到视听平台竞争和视听新生态主导权的竞争。视听主流媒体传统主营的业务势必要做大幅度的调整，未来的传统产业的界限更加模糊，传统边界的扩展不仅能扩展传媒业的增长状况，甚至有可能带来未来经济格局的变化，促成"内容＋平台"的新视听生态形成。

尤其是新视听媒体产业最近几年估值被不断放大，各级视听主流媒体不断地尝试与更多的专业平台进行合作，提升用户对优质视听内容的媒体触达率；或与其他产业合作，跨界运营，跨界的重点在于提升经济效益。智媒生态下，伴随视听媒体的发展，"随之而来的是内容创作的全社会普及，专业的机构媒体和蓬勃的自媒体构建了全新的内容边界；而这些解放的媒体生产力，带来了海量内容供给，让平台端的社交传播和个性化分发技术迭代，成为了必然选择"[1]。

内容和平台是视听主流媒体的两个基本支撑点，有内容优势，没有平台，那只能是"酒香闷在罐子里"，再好的视听内容，用户都看不到、接触不到，还谈何影响力？而有平台没有内容，即使设备先进，平台技术先进，用户却在这多元又先进的平台上看不到任何优质的视听内容，谈何影响力？对视听主流媒体来说，做好平台和做好内容一样重要。平台化的生产有利于视听资源效能

---

[1] 参见企鹅智酷：《2017中国新媒体趋势报告》。

的最大化，有利于视听沟通效率的最大化，也有利于视听创意效果的最优化。

第二节　视听内容和平台均衡发展

智媒生态下，视听主流媒体需要在视听内容和视听平台建设上同时发力，做视听内容的平台，做适合平台的视听内容，保持两者的均衡发展。

一、做头部内容是重点

以优质的视听内容的平台传播来增加视听主流媒体的吸引力和影响力，尤其是头部内容[①]的用户多平台互动决定了视听内容的未来。它吸引用户参与视听内容的多平台传播，同时让市场机制的匹配来保证内容和平台的最佳契合，形成具有可持续发展生命力的"头部内容"。

一是具有用户价值。拥有能够吸引一批价值观相投、有共鸣的人群的内容，这些内容不限于文字或视频，其个性鲜明，有特色，能够与"粉丝"的内在价值观产生共鸣、共振。

二是具有 IP 现象。这个内容会随着 IP 自身的调整、社会的发展等变化。

三是头部内容不限平台。以教育为例，上一门课，主讲人可以将视频、音频放在优酷上，也可以放在哔哩哔哩网站上，还可以放在喜马拉雅 App 上，都可以。

四是具有垂直化特征。分散化存在，不一定是共性需求的内容，更有可能是个性化的垂直内容。

五是能够产生高价值。内容领域就像一座金字塔，头部内容只占 5%，前 20% 的内容叫优质内容，而剩下的就是普通内容，只有少数头部内容能拿到最高的价值。所以头部内容主要是以拿到的价值来谈的。

---

① 对"头部内容"可以理解为：内容产品搬到哪个平台投放，经由哪个渠道发行，就能在哪个平台、渠道上产生巨大的影响力，创造可观的产业价值；该内容产品即便变身为其他形式，只要内核还在，其影响力、价值依然能够凸显。参见徐扬：《哪些纪录片可能成为"头部内容"》，《视听界》，2017 年第 2 期。

做头部内容是夯实视听主流媒体发展的基础。随着媒体融合发展，智媒生态下的视听内容和视听平台、视听技术等越来越丰盈，但优质的视听内容并不多。人们接触各种视听内容的渠道越便捷，对优质内容的需求就越迫切。视听主流媒体做头部内容是媒体融合发展的必然，做大做强视听内容优势，才能吸引更多的用户，形成有特色的视听服务。

二、生产流程和平台架构的融合化

智媒生态下，"全媒体融合，平台化生产"是基本的发展方向，所有的视听媒体、视听生产和视听内容，都被置于数字平台上流通分享。所以，视听主流媒体要思考如何建立平台优势，充分开掘"头部内容"价值。

（一）生产流程平台融合化

这要求视听采编队伍专业化、专门化。目前县级融媒体中心基本全面建成，进行了较大规模的部门融合，建立了"中央厨房"或融媒体中心，力图实现一次采集、多主体制作、多平台分发。但是很多只是形式上的融合，不同部门仍然有着自己的采、编、发队伍，并没有将视听采编发进行真正的融合。

生产流程平台融合化，首先就需要一支专门进行采编的队伍，整合的资源实时进入"中央厨房"或融媒体中心，并进行实时多平台编发。融合的目的是避免视听资源浪费，聚合资源优势，形成丰富的视听内容素材数据库，促使内容与平台相契合，用户的选择也更为丰富。

（二）平台架构融合化

视听主流媒体需要打破原有的组织架构，从互联网全媒体的视角，构建一个融合新闻、视频、文字、图像、电台等多元素的平台。

在这方面，江苏视听主流媒体"荔枝新闻"平台融合化构建具有特色。江苏视听主流媒体的客户端界面由"新闻""视频"和"电台"三个部分构成，后两者分别转载江苏省广播电视总台旗下卫视频道和各个地面频道的电视节目，以及中央人民广播电台与江苏地方一级广播电台的直播内容。这种媒体矩阵的设置在形式上实现了对集团内部各媒体平台内容的汇总整合。其地方性特征只是体现在"新闻"区分的排列方式上。其"头条"和"江苏"两个板块进行的是较为集中且综合性的新闻推送；在客户端默认的界面排序上，二者也优先于国内外参照传统新闻门户网站模式形成的内容细分板块。①荔枝云平台成为江苏省县级融媒体中心建设的有力支撑，"省县深度合作成为新趋势、新特色。在荔枝云平台共通共享的机制推动下，江苏视听主流总台旗下的'我苏'客户端等省级新媒体平台与全省64家县级融媒体中心也形成了常态化联动策划、协同共享、合作宣推的模式，在新中国成立70周年、建党100周年、脱贫攻坚、全面建成小康社会、疫情防控等一系列重大主题宣传报道中，形成了从省级层面到基层一线，纵横贯通的一体化传播格局"②。因此，内容平台化要将视听内容做细分，然后进行智能化的匹配，更有利于用户的选择和视听内容的推送。

三、发挥内容优势的契合

面对多种平台的竞争，视听主流媒体具有专业化的实力，但在智媒生态下，竞争的结果并不单纯由参与竞争者的实力决定，而通常是由许多细节决定的。这需要视听主流媒体找准视听内容与平台的融合点和切入点，均衡两者，形成优势契合。随着媒体融合的推进，视听媒体技术的发展和用户对新视听媒体技术使用的习惯和模式的转变，使得视听主流媒体在内容生产和平台建设上发生了变化：

其一，不同新闻频道的定位必须被打破，严肃性报道、舆论引导与宣传、娱乐化的市民新闻等阅听情境存在极大差别的内容，必须被汇聚在同一个媒体平台上。这意味着新闻生产多种情境的高度叠加，行动者必须有能力处理和应对多种类型和海量的新闻信息。

其二，内容生产的数量陡增，仅靠单一媒体生成的新闻远远跟不上用户的需求，因此，通过转载其他媒体内容的方式填补版面空缺成为现有新闻客户端中常见的选择，编排和转发的内容远多于原创和制作。因此，生产主体与产品

---

① 张婧妍、李宁：《"端口"争夺时代地方主流媒体的新闻生产——以"荔枝新闻"为个案》，《新闻界》，2018年第4期。
② 顾敏霞、邬金刚：《江苏县级融媒体中心的"新闻＋政务服务商务"实践与探索》，《视听界》，2021年第5期。

之间的关系变了。①

四、发挥平台优势的契合

视听主流媒体的竞争优势常常是由发展思维和发展路径决定的。作为一个大体量的视听专业媒体,视听主流媒体发挥自身的视听内容和资源优势,不能完全由系统特殊的属性决定,平台的优势在于传播的便捷性、嵌入性、开放性和人性化,可以发挥平台优势,将微小的优点放大并锁定为视听竞争的优势。

(一)统一视听形象认知度

视听平台数量在急剧增加,视听形象认知度成为视听内容传播的重要一环。从中央级视听主流媒体到省级、地市级视听主流媒体,平台符号标示统一而不是驳杂混乱,这样才能形成视听主流媒体的统一影响力。同时,统一标示要贯穿于视听主流媒体全部视听流程中,以此显示各个平台的关联度和区分度,避免用户同质化内容印象的形成。

(二)发挥多平台视听资源作用

视听新媒体平台一方面破除了时空的壁垒,另一方面又提供了丰富的信息资源,为各种社会经济要素的重新组合提供了更多可能,这将影响到社会的经济布局和结构。媒介边界的开放与内容共享应该成为智媒生态下视听主流媒体的重要思维。

(三)促进视听内容及活动智能对接

视听新媒体平台构建重新定义传统的内容流通模式,减少了中间环节,使得视听生产者和用户的直接互动成为可能,从而在一定程度上改变了整个社会经济运行的方式,促进视听主流媒体内容及活动的线上与线下智能对接。

(四)增强视听分享交互

通过互联网,视听主流媒体的用户与用户之间、用户与媒体之间可以直接

---

① 张婧妍、李宁:《"端口"争夺时代地方主流媒体的新闻生产——以"荔枝新闻"为个案》,《新闻界》,2018年第4期。

交流互动。根据彼此的互动，及时分析视听内容的种类及服务的品质，提供灵活多样的视听传播形式，让视听传播更灵活多样，满足用户随时随地随需的视听传播要求，增强用户通过平台互动分享的能力。

五、视听主流融媒体云平台的发展

构建视听主流媒体的融媒体云平台。这包括云计算、新媒体大数据服务、系统 IP 化变革等方面，一般融合平台都是集成服务及新闻指挥调度系统，能够更好地服务视听主流融合视听业务的需求。而 5G 时代到来对广电发展而言，不仅是内容及传播有效融合，而且是数据、生产间高度交融，5G 成为广电行业获取良好发展的加速剂，其主要体现在内容生产水平提高、吻合多元化用户需求、与人工智能实现良性循环等方面。①

视听主流融合平台建设正如前文所述"中央厨房"、融媒体中心等设置的构建，大体是其中一个重要的有机组成部分。在此处我们所讨论的融合平台，更凸显其与视听内容的关联，包括视听内容融合和发挥视听主流媒体视听内容优势的融合平台，要跳出传统视听主流传播的观念和思路。那么，我们要建成什么样的融合平台呢？

从国内情况来看，整个融合视听平台依托"构建融媒体汇聚、融媒体生产、融媒体发布、指挥调度的融媒体新闻采编播一体化服务体系，实现电视台内融媒体编辑，优化内容生产模式，融合传统电视和新媒体节目生产，真正实现多渠道发布。融合技术平台的建设，总体架构自下而上的三个层次分别为媒体设施服务层、媒体平台服务层、媒体软件服务层"②。比如，视听内容资源应该包括在播节目、历史节目以及自制节目，类型涵盖预告、正片拆条、未播花絮、二次创作等，以及相关的视听素材，并区分为内部人员使用和用户使用两类，进而提升视听资源的契合度。

要构建融合平台，视听主流媒体首先要在业务上完成视听资源采、编、播、发等业务流程的再造，促进融合视听产品呈现形态的创新，生产传播运行管理模式的转型与升级，全面利用互联网、云计算、大数据、智能化终端等先

---

① 刘雁峰：《5G 时代广电的融合创新与价值创新实践思考》，《电子世界》，2022 年第 1 期。
② 郭伟强：《电视台融合媒体云平台的建设研究》，《西部广播电视》，2018 年第 13 期。

进技术，发挥"两微一端一网"的作用，实现融合视听生产传播业务与视听资源的获取、视听创意的策划、视听内容加工、视听渠道的传播、视听终端的接收、用户多元化视听需求等方面深度融合，实现视听资源采编人员队伍的专门化、专业化，视听生产、传播、反馈等流程管理的智能化，视听数据的深度可视化和动态变化，实现视听新闻信息采集、编辑、发布、供稿、管理、反馈等各环节以及视听舆情变化、视听平台传播效果、视听内容影响力、用户蹦失率①的统一数据聚合，并为视听主流媒体融合内容的生产传播、组织指挥策划、安全运行监测、融合视听内容效果的考核体系提供集约化、智能化服务，构建新型的视听主流媒体新平台模式。

第三节　平台型视听主流媒体的构建创新②

当下，媒介融合以互联互通网络为基本构架，在不断向纵深发展，从央级媒体到省级媒体，再到地方媒体，逐渐形成全国一张网、全程全网的大视听格局，互联网融合意识成为各级视听主流媒体发展、创新的基本理念。不同层级的视听主流媒体有着不同融合定位和发展目标，从自身实际情况和互联网技术发展出发，满足人们多元化的视听需求，实现视听多平台构建创新。

一、平台型视听主流媒体发展趋势

视听主流媒体适应互联网融合传播的逻辑规律，因地制宜做平台型媒体，一方面是视听主流媒体自身发展定位适应互联网视听发展的需要，另一方面是目前视听主流媒体发展存在的问题需要解决，体现了传统视听逻辑思维向互联网逻辑思维的转变。

2014 年，美国 Sulia 网站 CEO 乔纳森·格里克在《平台型媒体的崛起》

---

① 蹦失率：又称跳失率，是指用户浏览第一个页面就离开的访问次数占该入口总访问次数的比例。

② 本部分内容曾以《因地制宜构建平台型媒体》为题，发表于《现代视听》2018 年第 9 期，此次出版时有修改。

一文中提出了互联网时代一种新型媒体形态——"Platisher",即 Platform(平台商)和 Publisher(出版商)的合体。他认为,Platisher 既可以完成用户满意的内容生产,又可以实现差异化品牌的媒体营销。① 简而言之,平台型媒体凸显以用户为中心,让用户既充当接收者也充当生产者,既可做传播者也可做连接者、转发者,而且越多用户的加入,平台型媒体的价值就越大,影响力也越强大。学者喻国明认为,平台性媒体与互联网逻辑相吻合,本质上是一个开放性和社会性的视听服务平台,这一媒体平台是"让所有个人在上面找到自己的通道,找到能够激发自己活力的资源,这是平台构造的基本特征"②。

平台型媒体以用户需求为核心驱动,体现互联网的平等、开放、参与等特征。构建平台型媒体,重点不再仅仅是做更多优质的视听内容,而是将优质的视听内容推送给需要的用户,充分利用各种视听资源、视听关系等,形成有效的视听服务。简而言之,视听主流媒体遵循互联网融合逻辑构建的平台型媒体,是兼具专业编辑权威和用户开放数字内容服务的新型主流媒体。

从 Web3.0 的社交时代发展到 Web4.0 的智能场景时代,各级视听主流媒体再也不是封闭地域内的视听信息生产和传播者,而是在更广阔的范围内,通过与不同视听媒介与不同视听主体进行各种资源交流互动的平台,形成了与以往不同的新视听景观。它以受众为中心,以资源的全面开放共享、用户的主动交互展示为驱动,本地用户通过各种视听 App、视听编辑技术等主动进行各种视听生产和传播,在任何时间、任何地点、任何场景、任何终端实现不同层级视听主流媒体间的自由切换,在官方微信、微博、微视频以及第三方平台上进行着视听内容交流互动等,多元化的用户一方面消费本地化的视听服务,另一方面通过互动生成新的视听内容,这已非传统的中心化的传播媒体可实现的。媒介融合背景下,各级视听主流媒体因地制宜地做平台型媒体,符合自身在整个视听网络中的地位要求。

---

① 参见 Jonathan Glick, Rise of the Platishers—It's something in between a publisher and a platform, https://www.recode.net/2014/2/7/11623214/rise-of-the-platishers.
② 喻国明:《媒介革命:互联网逻辑下传媒业发展的关键与进路(代序)》,人民日报出版社,2015 年版,第 7 页。

二、平台型视听主流媒体因地制宜是关键

当前,大部分地市级城市已经形成一城一报、一市一台(多频道)模式。那么,在互联网逻辑下,视听主流媒体应因地制宜做平台,构建符合自身特色的视听平台,促成具有地方特色视听媒介生态,激活用户的普遍参与积极性,改变以媒体中心的传统传播模式,塑造以用户为中心的新视听模式。这一适应互联网融合思维构建平台型媒体的最大益处在于,增加多元化用户的媒体黏度,充分利用各种社会视听资源,有效生产和传播具有地方特色的视听内容,满足本土化用户的视听需求。

(一)因地制宜融合视听用户

明确传播的对象,才能有的放矢。媒介融合背景下,视听受众的地域限制被打破,即使是在不同地域,也可以通过搭建智能互联平台进行传播收看。理论上和技术上平台型视听主流媒体扩展了受众群体的覆盖面和互动的条件,因此需要以视听需求为线索,以人际互动带来的广泛链接为条件,形成融合视听受众,构建起以互联网为基础的视听受众生态圈,以不同地方特色为契合点,形成多向度裂变式的视听网络传播效应,满足多元化视听受众群体的视听需要。

视听主流媒体构建平台型媒体,不能单纯计算视听受众的数量。媒介融合背景下,从传统媒体模糊的散点式分布到可精确定位归类的聚合式分布,使得不确定的大多数受众,转变为实时无缝连接的集视听信息生产、传播、消费等身份于一体的用户。因此,视听主流媒体应综合考量活跃个人用户以网络群体、自媒体及其相互间的互动行为所激发的二次传播、多级传播过程中所产生的影响力,以及在互联网平台中所激活的视听信息需求和交互能力。用户网络是平台型媒体的核心资产,其价值和用户节点数的平方成正比相关。"用户网络释放出无限的信息需求和信息生产能力,成为平台发展的关键驱动力"[①],智媒生态下,视听主流媒体要因地制宜努力提高目标人群的有效覆盖率,增强用户的黏度。

---

① 贾军:《从用户突破:中国报业的平台转型之路》,《编辑之友》,2017 年第 5 期。

（二）因地制宜融合视听内容

明确传播什么，才能抓住重点。传统视听内容通常是以地方信息为主，受到地方文化风俗、经济发展等制约，相对而言涉及的地域不广。媒介融合背景下，视听主流媒体一方面要立足本地，体现地缘特色，首要满足本地用户的视听需求，坚持百姓视角，做好地方新闻报道、地方活动报道等；另一方面要立足互联互通的平台，满足普遍的视听需求，寻找切入点，强化地方视听融媒体的百姓视角、服务意识，通过平实语言、鲜活表达，在与多元化的用户交流中形成共识，增强视听传播的亲和力和感染力，做出具有价值延伸的视听内容。尤其是在本地重要活动或事件中，发挥本土化、亲民性功能，做到权威发声，产生影响力。

平台型媒体具有互联网优势，积极适应本地用户的视听心理特点和视听接受习惯，通过视听平台交互中心的规则和算法，以人为本满足个性化需求。视听主流媒体可根据用户社群和社交特征和过程，自动生成用户个人数据库、视听收视（浏览、点播等）的数据库等，可以准确定位，实现用户与视听内容之间的关联，一方面可强化视听内容的个性化生产与传播，另一方面可提升视听内容的有效生产与传播。人们进行视听传播，既有获知信息的需求，也有社交需求，因此平台型视听主流媒体不仅要注重新闻报道，也要通过新闻报道引发用户讨论话题，激发人们在平台上的互动。

平台型媒体的视听内容是基于深度应用的数据资源聚合分析，围绕多元化用户的视听需求，遵循开放合作、激活和整合的原则，智能构建与地方域内域外的用户生活场景相契合的视听信息服务，实现视听价值链上下游纵向拓展和视听价值网络立体化延展。

（三）因地制宜融合视听平台渠道

做好传播平台渠道融合也是非常重要的一点。媒介融合之所以可行，是因为其共同的数字化基因和互联互通的互联网络构架。传统媒介环境下，视听主流媒体集传播入口、渠道、接收终端于一体，独占传播渠道，占据视听信息传播价值链的核心位置。媒介融合环境下，各种新的视听媒介技术突破了原有的平台渠道限制。对于各级视听主流媒体而言，视听平台融合有三种方式：

一是可以融合微博、微信、微视频、新闻客户端、官方网站等，进行多平台、多渠道传播，即打造"三微一端一网站"①，更好地契合不同用户的视听需求，将优质的视听内容推送给用户，并主动跟踪用户的话题衍生、热点关注、多元互动等数据，进行实时引导和互动。

二是地方视听主流媒体与第三方平台合作，打造具有地方特色的视听内容传播平台。地方视听主流媒体专心做优质特色内容，与第三方平台进行营销合作。

三是开发出了自有视听 App，或是依托所在的各级媒体的自有 App 进行纵向融合，传播具有自身特色的视听内容，形成自身传播优势。

通过三种方式的平台渠道融合，各级视听主流媒体可以不断突破原有的单一电视屏局限，进行多屏融合传播，实现视听传播端、接收端的多元化扩展。从用户融合、内容融合、平台融合等方面为各级视听主流媒体的融合提供有利条件。

三、深化创新做平台型视听主流媒体

各级视听主流媒体以构建平台型媒体为融合发展的有效途径，不仅在于形式上的构架，更需要机制上和人才上的转型融合，因地制宜深耕用户关系，将互融互通互动的思维贯穿整个视听主流媒体运营全流程，开放平台，激活互动，整合内容，服务于用户的视听体验提升。

（一）创新机制转型做平台型视听主流媒体

视听主流媒体构建平台型媒体需要由传统以媒体为中心的播放机制向以用户为中心的平台机制转型。就视听生产机制而言，视听主流媒体"可以通过智能算法演进、自然语言处理和语音图像等优势的结合，对不同信息进行整合，形成复杂的内容来满足不同的需求，优先关注优质内容的新形态和新内涵，从图片、文字、视频、音频等数据中深度挖掘、多层面整合，强化智能新闻的独特价值和权威性，继而提升自身在智能化传播中的引领力"②，构建出能够生

---

① 即随着视听媒介技术应用的发展，在官方微博、微信公众号、新闻客户端、官方网站（"两微一端一网站"）基础上，增加了"官方微视频"，如央视的影音客户端等，构成了"三微一端一网站"。

② 高宪春：《论智能传播时代广电媒体发展的五个维度》，《电视研究》，2018 年第 8 期。

产、传播、反馈各环节有机联系、不断自我优化的统一地方视听平台,按照扁平化的视听传播机制进行运营,根据平台型媒体的特征,形成有效的视听生产传播机制。

视听主流媒体构建平台型媒体是以用户为中心,遵循开放和服务的原则,以互联网思维、融合思维贯穿于视听生产、传播全过程的。而传统视听媒体单向度的专业传播独占视听生产传播的渠道,使得各级视听主流媒体形成了相对封闭垄断的传播机制,视听生产和传播缺乏与用户的反馈实时连接互动,这一机制具有体量惯性和思维惯性,仍然对当下创新搭建平台型视听主流媒体产生着消极影响。

要扭转这一局面,就需要各级视听主流媒体改变视听传播惰性,将移动化、智能化和平台化结合起来,发挥人的因素,发挥自身的权威优势,充分利用"三微一端一网站"和第三方平台,通过多种垂直应用相互联结,构建起智能互联的生态级视听平台,激活包括用户、专业视听网站等在内的各种社会资源的融合,实现视听主流媒体、专业从业人员、用户连接方式的变革结构,促成视听内容生产与推送等机制的转型。

因此,视听主流媒体因地制宜深化机制转型,是以互联网逻辑为基本逻辑,由视听内容生产、新媒介技术支撑、多元化用户洞察、多平台协作等一系列流程机制共同作用的结果。

(二)深化有效引导做平台型视听主流媒体

视听主流媒体构建的平台型媒体,是一种开放性和社会性的服务平台。全面开放的内容生产、传播极大地激发了个体、群体等不同主体的个性化传播。UGC(用户生成内容)、PGC(精英生成内容)、OGC(专业生成内容)、MGC(机器生成内容)等都可以成为平台型视听主流媒体的视听资源。若是缺少有效的把关,则会造成大量杂质的视听信息,破坏视听主流媒体的权威性和公信力。各级视听主流媒体在报道本地的人物风情、事件活动,在涉及当地民生利益、干系当地稳定发展的视听报道中,担负着重要的视听信息引导、视听话题引导、视听舆论引导的职责。

因此,各级视听主流媒体构建平台型媒体不仅仅为开放视听内容的传播与交互,更需要通过积极报道,引导舆论,避免"扁平快""多杂碎"的传播带来的负面影响。"平台型媒体所建立的信息平台既是集合、容纳、汇聚的空间，同时又因为其融合之后而自成一个完成体系。"① 各级视听主流媒体可以将开放内容与社交相结合，通过热点数据收集和热点话题交互聚合等，采用有效的智能推送和智能反馈，将各级视听主流媒体、官网、官微、新闻客户端之间打通，形成视听信息优势互补、视听资源互通共享，实行多元发布、滚动报道，提升自身的传播力和信息覆盖面，突出台、网、端之间渗透性，促成各视听传播渠道的融合。平台型视听主流媒体按照"三微一端一网站"抢时效、电视屏扩深度、台网各端实时互动、多元数据智能聚合分析的原则，通过权威视听信息发布、热点话题引导、焦点舆论释疑等，全媒体布局、全平台推进、线上线下共同发力，引导视听舆论的良性发展。

（三）因地制宜深化视听服务特色

各级视听主流媒体构建平台型媒体，需要深化多元化视听服务特色，吸引更多的用户，满足用户的视听需求，利用大数据技术分析多样态视听业务数据，实现多元视听内容和用户视听需求的最佳匹配，通过分析和挖掘相关平台数据，进行精准化的视听信息传播。同时，又要与不同层级融合视听媒体相契合，完善具有自身特色的视听服务功能体系。

各级视听主流媒体构建平台型媒体，就实际情况和发展定位而言，不适于面面俱到，不需要做得大而全。学者喻国明认为，媒介融合时代，媒体"应该适度缩小自身服务空间规模，由过去单一服务关系转变为立体化的服务关系，在同一服务对象身上提供开拓更多的价值关联，为人们的生产生活和生存发展提供一揽子的解决方案"②。

视听主流媒体需要从服务用户多元视听需求和各级融合视听媒体资源聚合出发，找准本地的特点，构建面向本地社会、生活等多个领域的互联网视听服务体系，深挖用户，与整个视听网络相契合的同时，又显示自身的视听特色。那么，视听主流媒体应充分利用"三微一端一网站"和第三方平台，专注于不同地域、社区的社会需求，分析域内域外融合视听用户的视听需求，以此为依

---

① 雷璐荣：《当前平台型媒体的现实问题与伦理困境》，《新媒体研究》，2018年第7期。
② 喻国明：《媒介革命：互联网逻辑下传媒业发展的关键与进路》，人民日报出版社，2015年版，第7页。

据,整合各种相关的视听资源,量身定做特色视听服务。

进一步而言,各级视听主流媒体不仅在传统媒体渠道中直接做优质视听内容,更要在新平台上做特色服务,通过提供多样化视听服务,以视听信息服务商的角色,形成智慧服务产品。"智慧服务产品体现了地方主流媒体对本地化优势资源的有效整合和社会资本的开发利用"[1],增强了各级视听用户的黏性。

需要特别指出的是,视听主流媒体的"特色服务"不是空的,而是通过各级视听主流媒体立足本土视听内容资源的筛选聚合、用户数据的分析挖掘、平台功能的扩展延伸,以及在视听格局中的准确定位,摒弃混乱、冗余、虚假、低俗的内容,形成综合性的、有价值的数字内容实体,满足人们场景化的视听需求,使其获得最佳的视听服务体验。

视听主流媒体从自身在整个视听网络中位置出发,因地制宜做平台型媒体,既可以充分利用其中介平台功能和视听资源的整合优势,又可以实现对视听内容生产和加工、传播流程的深度提升和再造,更好地实现视听主流媒体融合发展的目标。

第四节 从内容到平台转型的实践

媒体融合以互联互通网络为基本构架,在不断向纵深发展。从央视媒体到省级视听主流媒体,再到最基层的县级视听主流媒体,从全省一张网、全程全网逐渐形成全国一张网、全程全网的大视听格局,互联网融合意识成为智媒生态下各级视听主流媒体发展、创新的基本理念。

一、构建多媒体矩阵的实践

中央广播电视总台的媒体矩阵包括三个层面:一是电视屏的各个频道;二是央视新闻以及各个频道自行创办的微博、微信公众号以及抖音等短视频账

---

[1] 宋建武、黄淼、陈璐颖:《平台化:主流媒体深度融合的基石》,《新闻与写作》,2017年第10期。

号；三是中央广播电视总台自行创办的新媒体平台包括央视频、云听等。多媒体矩阵传播在 2022 年北京冬奥会中赛事转播、相关报道等方面发挥了重要的作用，大量应用 5G 等智媒技术，同一内容、同一作品一经制作，就能够通过多元媒体矩阵实现全平台共时分发，视听信息资源得以在不同媒体共享传播。奥运会的新闻、现场直播、开幕式及闭幕式晚会等，分别在电视端、广播端、移动端（微信、微博、新闻客户端及视频号、抖音等）同步播出，在多个播出端能够实现"一键分发、同频共振"的视听传播效果。与此同时，中央媒体矩阵还发挥了短视频的作用，利用人们喜闻乐见的快手、小红书、视频号等短视频平台，拓展了传播渠道。

省级媒体也建立了契合视听需求的媒体矩阵，江苏的"荔枝云"、浙江的"中国蓝云"、湖北的"长江云"和山东的"闪电云"等都展示了其在多媒体矩阵建设方面的成果。浙江广电集团的"中国蓝云"是浙江广电集团从浙江省乃至华东区域媒体融合的布局出发，为提高技术资源的共享能力、再分配能力构建的全媒体业务支撑平台。山东电视台的"闪电云"集"策、采、编、审、发、评"于一体，为县、区融媒体中心提供技术和运营支撑，可实现"宣传+资讯+政务+服务"等能力。湖北电视台的"长江云"已完成了"新闻+政务+服务"平台和全媒体内容生产体系的升级，初步实现了一次采集、多样编辑、多种产品、多端分发的融媒体生产传播格局，已被接入湖北 67 个县级融媒体运行。

江苏"荔枝云"采用"公有云+私有云"的混合云架构，提供多种融合媒体业务，还具备高标准的安全保障体系和运行维护体系。各县级融媒体中心可通过多租户方式，入驻"荔枝云"平台。江苏广电媒体大力推动"1（自有移动传播平台）+N"传播矩阵建设，统筹屏、端、微信、微博、账号，统筹大屏小屏和短视频、网络直播、网络音频等业务。与此同时，加强与商业平台的合作，在学习强国和各主流媒体客户端，以及微博、抖音、快手、微信视频号等平台建立矩阵发布网络。有些台依据各商业平台属性，分别设立运营小组，内容发布从以往的"多平台无差别发布"，真正做到了根据不同平台、不同用户的需求，生产发布不同的内容。此外，广电媒体借力"短视频+""直播+"进一步拓展分发渠道，不断推进广电与新业态深度融合，优化广电新型主流媒体建设的移动化、智能化新路径。全媒体矩阵建设着力重建广电媒体的全端传播能力和产品开发能力,克服广电媒体传统渠道短板,品牌爆款频出,切实增强了全媒体分发传播能力和传播效果。①

视听主流媒体的内容和平台架构切中了要点,为将来的发展打牢了硬件基础,但还需进一步将内容优势和平台优势契合联动,带动用户一起参与,而不仅仅是顶层设计。因此,只有实现平台、技术、人员、流程、机制等的全面融合,不断生产优质的差异化内容,将用户纳入融合体系,才能真正构建全程、全息、全员、全效的融媒体平台,在媒体竞争中赢得自己的格局空间。②在媒体矩阵建设中,聚合新闻客户端、网站、微网站、官方微博、官方微信等共同形成了"五位一体"的产品群,并整合各省、市、县等各级新媒体平台,通过确立常态化的高效联络沟通机制,将立体多样、融合发展的现代传播体系推向更广的范畴内进行实践。再如,山东台在2019年通过布局建设MCN机构、深耕垂直IP内容、独家合制重大选题项目、更新智慧传播渠道等多种方式,完成大屏资源在小屏上的价值升级,打造台属媒体传播矩阵和短视频品牌,实现媒体融合转型。③

无论是央视广电还是省级媒体,在建设媒体矩阵的过程,目标指向多种视听资源最佳传播效果,能够通过技术变革助力传播创新,拓展传播阵地,更好地提升在不同播出和接收端口的传播能力。从中央媒体到省级、地市级等各级媒体,总体形成了上下贯通的媒体矩阵网络,构建影响深远,朝着建立真正的全省一张网、全程全网的新视听生态平台不断推进发展,如此打通了各级主要视听主流视听平台之间的联系,构建起全媒体生态圈,建立"人才共享、内容共享、平台共享、渠道共享、技术共享和盈利模式紧密协作的基本架构"④,达到了视听资源的灵活配置、流动和置换。

二、打通内容和平台的实践

智媒生态下,视听传播的两个支点是内容和平台。成功的视听媒体必然是

---

① 国家广电智库:《广电新型主流媒体建设的进展与成效》,http://jsgd.jiangsu.gov.cn/art/2022/6/16/art_69985_10495945.html。
② 陈杏兰:《"媒体矩阵"建设中的三个思维误区》,《传媒》,2020年第6期。
③ 陈芳、李翔睿、单晓燕:《山东广播电视台破局智媒挑战》,《中国广播影视》,2019年第24期。
④ 瞿向雷:《苏州广电的融合媒体实践与探索》,《现代电视探索》,2017年第6期。

将两者优势打通和互相促进，形成良性循环。优酷、爱奇艺的成功正源于此。它们诞生于互联网环境下，不仅做平台，而且做内容。比如优酷最早的《老男孩》风靡全国，成为一种备受瞩目的文化概念，并将"新媒体电影"的全新概念引入人们的视线；爱奇艺的《灵魂摆渡》《无心法师》《一年一度喜剧大赛》等也引爆了用户收视率。严格来说，这些自制内容与其他海量的视听内容相比并不多，优势更多体现在优质的平台上，以视频点播、视频直播等获得用户的关注度。与优酷、爱奇艺等视频网站的平台优势相比，视听主流媒体的优势在于内容，因此需要强化平台优势。

2017年人民网与泽传媒曾联合推出"2016年度中国媒体融合传播榜发布会"，发布了"2016省级卫视全网传播融合力年度榜单""2016省级卫视综艺节目年度榜单"和"2016全国省级电视台新闻中心社交传播榜"等。这为打造完善的全媒体数据检测系统、提供更完整的全媒体时代传播效果评估提供了思路和重点。视听主流媒体需要努力弥补传统平台劣势，当内容优势无法通过自身独有的平台建设实现传播效益最大化的时候，从外部引入优质因素，创建新的平台，不失为好办法。这需要在将引入的平台优势转化为实际的传播优势上着力，更需要技术变革，与用户视听需求同步创新，进行日常维护，这并非一两次的线上线下活动就可以达成的，还需要从实践出发持续进行维护和创新运营。简而言之，要建立常规性的社交媒体平台，培养用户的习惯。

三、依托平台做强头部内容的实践

爱奇艺、腾讯、优酷等的成功正是源于依托自身的超级平台做好"头部内容"。江苏、浙江、湖南等地区的视听主流媒体，都拥有优质的内容资源。江苏卫视的《非诚勿扰》，浙江卫视的《奔跑吧兄弟》，湖南卫视的《快乐大本营》（2022年改版为《你好，星期六》）、天津卫视的《爱情保卫战》等成为其认知度的重要来源，不断地对用户产生影响。

但笔者认为，这并非真正的内容优势呈现，反而是以牺牲其他内容优势为代价的。对所有的视听内容来说，平台优势应该是可以带来同样的传播优势的，应该满足的是用户的多元化视听需求，过于依靠一两部综艺类、生活娱乐类节目，会产生很大的传播风险。尤其是在新视听媒体环境下，视听传播如此发达，视听内容如此丰富，各种超级视听平台如此人性化，而用户的注意力又是如此容易被分散，视听主流媒体播放的视听内容如何能够具有持久的吸引力呢？每一季节目的落幕，都伴随着收视率的快速下降，一些经年热播的节目内容也正经受着收视率下降而不得不频繁改版的问题困扰。

对此类问题的突破点在于，在做强头部内容的同时，更要强化视听内容和视听平台的多元化。这里以 1998 年兴起的都市报与党报的关系作为参照，是从宏观叙事的严肃报道转向了微观叙事的民生报道，将党报宏观报道思想落地到都市报微观个体日常生活中。因此，视听主流媒体不断地强化新平台和新内容的建设，不是仅仅做成视听主流媒体的克隆微版，而是要做成新型融合的视听媒体。

这包括从视听内容创意、生产、呈现等整个流程全部平台化，从顶层设计到机构组建，从人员配置到机制制定等，全部具有相对独立性。新视听平台与视听主流媒体建立平台联系和内容共享的关系，虽然独立运营，但仍然是视听主流集团内的一员，如此并不会出现"肥水外流"的问题，反而有利于融媒体中心视听内容资源真正流动起来，激活视听主流媒体各平台、各部分的联动。

四、"内容＋社交"构建视听优势

智媒生态下，视听主流媒体应以视听内容为核心不断地进行边界扩展，多媒体平台上促进用户围绕视听内容进行社交，在互动过程中提升视听传播效果。这需要做适应全新视听平台的新视听内容，形成视听主流媒体立体传播网络的一个独立运营的部分，可以跨界内容布局，可以运用在融媒体中心的视听素材、资源整合编辑成新的视听产品，而不仅仅是视听主流媒体的可有可无的附属组织，从而实现构建"内容＋平台＋社交"的视听优势。

进一步而言，视听主流媒体综合利用社交媒体平台聚合人气很重要，只做优质内容不做视听平台不可能走得更远，但搭好了平台，将平台嵌入用户的使用习惯中，可以提升用户的媒体触达率，让用户真正了解平台的功能，经常地使用平台，满足自身的视听需求，获得最佳的视听体验，充分发挥各个平台联动的传播优势。

山东广电建立起全媒体生态平台，主要拥有 6 个平台，基本的业务都是在 6 大平台的基础上展开。主要包括：①IPTV 播控平台；②数字地面电视（DTMB）播控平台；③OTT 共用平台；④手机 IPTV 伴侣＋手机电视平台；

⑤轻快云平台；⑥大数据平台。通过线上导流、线下实施，同时提供数据支撑，提供视听云服务，将技术运用于视听内容多元化，满足用户视听需求。探索大屏内容的互联网优化及二创新路径，热点选题倒推内容制作，平台内容运营编辑深度对接，制造出多条爆款作品及直播。其中，济宁梁宝寺被困矿工升井直播、抗击台风利奇马抢险救灾报道、四川凉山救火山东英雄回家直播等全网传播量均过亿。① 正是基于不同平台视听内容的互动，在多个社交媒体平台引发用户观看、转发、讨论等而形成更大的影响力。

江苏广电自主策划、研发"荔枝云"平台，成立"总台新闻调度指挥中心"，实现了新闻的统一调度、统一分发。加之，总台"荔枝新闻"客户端4.0版本正式上线，打破物理阻隔和组织边界，整合分散新闻宣传资源，调度全媒采制力量，重构全媒体融合技术系统，实现电视新闻、广播新闻、网站新闻、移动端新闻和账号矩阵等多端内容的一体化生产、一体化管理、一体化运营，协同运用、形成合力，通过传统渠道端口、短视频、社交媒体和直播、海报、互动产品等多种形式，从而实现了"多渠道信息来源、一个平台统一生产、多形态产品呈现、多终端同步分发"的目标。②

无论是山东台还是江苏台，都在改变以往过于公式化单一化的视听传播模式，增强实时视听内容呈现与视听平台相契合，一方面做好视听内容聚合的融合云平台头部内容，另一方面做好做视听内容人气聚合的社交媒体平台，适应媒体融合生产传播，满足用户视听的需求，做好智媒生态下视听主流媒体的建设。

五、开掘提升平台价值的实践

提升平台价值不是说弱化内容在视听传播链条中的重要位置，而是从新平台的视角重新定位视听内容，生成适合不同平台的独特视听内容。智媒生态下，视听主流媒体建立融合云平台、社交平台和独立运营的内容平台，从内容到平台的全面提升，是将视听内容与视听平台相契合，适应"内容＋平台＋社

---

① 陈芳、李翔睿、单晓燕：《山东广播电视台破局智媒挑战》，《中国广播影视》，2019年第24期。
② 国家广电智库：《广电新型主流媒体建设的进展与成效》，http://jsgd.jiangsu.gov.cn/art/2022/6/16/art_69985_10495945.html。

交"的新视听媒体生态环境的发展。这些平台的价值主要体现在四个方面：连接交互（强化用户、视听媒体沟通）、数据支撑（获取用户视听偏好指向）、品牌服务（增加视听附加值和媒体认知度）、信息传递（提供优质视听内容）。

视听主流媒体所面对的不再是视听需求同质化的用户，而是个性化、差异化，拥有选择能力，并且有能力和条件实时参与视听内容生产和传播的各个环节的用户。视听主流媒体需要实现从单一视听内容的传播到多元视听内容的聚合，从传统自上而下的单一视听平台，转变为纵横交错的立体化的视听平台网络。在新媒体融合初期，视听主流媒体专心地做自己的传播平台——更多是通过对一些设备和软件的引入来巩固原有的传播平台，并期望用以维护原有的垄断的传播网络，但是显然不符合万物万联、相互协同的智媒生态。

当媒体融合进一步推进，三网融合开始聚焦下一代的互联网在视听主流媒体发展中所扮演的重要角色，并开始寻找"＋互联网"的途径。但是，平台和内容仍旧单一且缺少创新，通常在网络平台上内容只是视听主流媒体内容的简单复制，这通常被认为是一个错过的发展窗口期。随着媒体融合的深入推进，新媒介技术嵌入日常传播的方方面面，用户被各种视听平台及应用吸引，收视率降低，用户流失，视听主流媒体强烈感受到了新视听平台的冲击和压力。视听主流媒体在市场和政策双重压力下，开始了全面深度融合，努力在"最后一公里"实现视听平台价值的提升。

视听主流媒体通过视听内容和平台的聚合，不断实现融合升级分类。北京广电采用了云记者和云媒体的采编模式，上海广电则形成了一系列集成创新的媒体融合技术产品，包括广播新闻融合媒体生产平台@Radio，电视新闻融合媒体生产平台 X-news，互动管理产品 iStudio，互动图文包装系统 PXmagic，全互动云 iHub，等等，不仅自用，而且向外推广应用。视听主流媒体的荔枝云平台形成了公有云、私有云、专属云的三云互动构架，将全台各板块的新闻、栏目节目进行云端生产和流程再造。湖北视听主流则建立了长江云平台，汇聚了全省广播电视、电子报、网站和"两微一端"产品 8112 个，云南视听主流则整合 16 个州市广播电视台共建"七彩云"融合平台[①]。

[①] 数据来源参见《中国广播电影电视发展报告（2017）》，中国广播影视出版社，2017 年版，第 62 页。

很明显，一些省级视听主流媒体正尝试整合全省的视听主流视听资源，扩大视听平台的范围和影响力，努力打造省内视听大平台，构建本土化、移动化、多样化的视听技术系统平台，努力实现全省一张网、全程全网的架构目标。视听主流媒体的这一系列做法是在经过了相当一段时间的磨合和实践后形成真正的媒体融合观念，主动促成视听资源与各平台的聚合共享，以实现自身在智媒生态中的新定位与新发展。视听内容平台化是否真正地被理解和实施，是媒体融合视听规律中重要的一环，媒体人的视听实践和用户视听体验影响着视听媒体实际的发展进度。

六、"内容+平台"生态圈构建的实践

智媒生态下视听主流媒体真正地遵循新视听媒体传播规律，做好平台，发挥内容优势，就需要做好从视听资源聚合（内容聚合、平台聚合等）到整个视听生态形成（视听内容、视听平台等）全面系统融合，从而完成视听主流媒体质的转变，改变从电视开始到电视结束的内容传播思维，适应复杂的多屏化视听新格局。从单屏播出到跨屏融合传播，从台与台之间的相连接到台与网之间的融合，从设备、技术硬件的融合到人才、创意软件的融合，以新媒体的方式延伸出视听主流媒体的播出和传播的新空间，实现视听主流媒体播出主体的多元化，拓展观点媒体发展的新视听空间。

对于从资源复杂聚合到新视听媒体生态构建，山东视听主流新媒体总经理张晓刚提出了五大路径，包括：海量内容汇聚；优质内容贡献量体系；高黏性用户收看和订购；拒绝重复订购，降低资费投诉；让用户在平台中找到自己，让参与方找到价值、实现价值。[①]（如图3—1所示）

---

① 张晓刚：《山东广电新媒体的产业生态运营之路！启动资本运营》，http://www.sohu.com/a/143065510_683129。

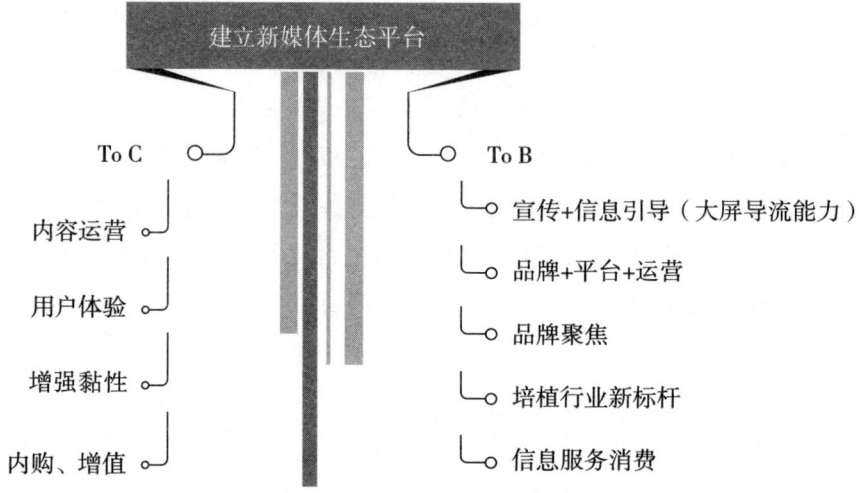

图 3-1 新视听媒体生态构建路径

在这一思路下，海量内容—智能化平台—多元化用户的联动，形成了开放、良性的视听生态。视听内容和平台的运营目标：更好地满足用户的视听需求——用户根据偏好自行选择，并非强行推送——培养用户的主动媒体触达行为；增加媒介平台的认知度——品牌聚焦运营，提升视听内容的服务价值，使用户获得更佳的视听体验。用户频繁接触视听平台，依赖于从平台中获得所需要的视听资源，视听媒体就能有相应的数据来评价平台及其呈现的视听内容的质量、内容与平台的匹配度，以及用户视听需求的满足度。

第五节 "内容＋平台"转变的反思

智媒生态下，视听内容传统优势向新媒介平台延伸，特别是基于大数据、云计算、AI和区块链技术的融合媒介平台技术架构，推动融合制播云平台和基于用户互动的制播大数据系统的建设，全媒体制作、全渠道汇聚、全资源聚合、多平台联动、海量内容匹配，实现视听内容平台化。视听主流媒体要力促形成"内容＋平台"的视听生态圈，以智慧视听平台优势带来视听传播优势，打造优质的融合视听内容，满足用户多元化的视听需求。

一、避免同质化发展，适当做内容平台加减法

视听主流媒体经常会面临某一视听内容必须要在不同平台上呈现从而导致千篇一律的问题。智媒生态下，视听内容应针对不同平台及其用户，提供多形态的视听内容。视听主流媒体应在视听素材资源的有效使用、观点的多元呈现等方面形成差异化，所有平台虽然发布同一视听内容，但侧重点和形式可以存在明显差异，从而形成具有平台特色的视听内容，为用户提供独特的视听价值，避免视听同质化的恶性循环。

智媒生态下视听主流媒体做深度融合，要根据自身特色将内容和平台更好地匹配起来，这是视听融平台和视听融内容的目的。简而言之，视听主流媒体要在适当的视听平台上做适当的视听内容，或者将适当的视听内容投放到适当的视听平台上。视听内容和视听平台匹配、融合，比拼的不仅仅是技术，更是谁更理解用户的视听需求、谁拥有更多的特色和创意等方面的能力。

视听主流媒体还要做减法。针对用户的视听需求和平台的特征，有些内容要强化，有些内容要舍弃。国外市场化推进媒体融合的媒体公司往往差异很大，各有特色，通常是从自身的优势做起，以利润效益为标杆，社会效益在经济效益中得到了体现：不符合社会需求、违背社会道德的视听内容会被淘汰。我们的媒体融合需要审视视听主流媒体在视听大格局中的职责和担当，明确媒体融合中自身的优势所在，平衡内容和平台关系，寻找两者的最佳契合点，做大做强，通过两者匹配，努力提升视听主流媒体在各个视听平台中的传播力、影响力、引导力、公信力，同时赢得良性的经济效益发展。

二、激发用户视听互动动机，做出平台内容互动特色

智媒生态下，平台优势转换为传播优势，评判标准之一就是用户围绕特定视听内容在特定平台上进行聚合互动的频度和热度。视听内容的价值体现随着用户关系的增加而呈指数级的增加，接着从众效应往往会发生作用，用户对特定视听内容在特定平台上互动会带动更多的用户关注、使用——作为"技术性矩阵的有机行为"，由内容到平台，再由平台到内容，两者互相促进、互相支撑，形成优质的视听内容和受欢迎的视听平台，形成视听内容的溢出价值，带来了传播优势。

正如我们所反复讨论的，视听主流媒体不能停留在依赖单一的媒介平台传播上，更不能简单地因一次新视听媒体平台或内容传播行为成功就万事大吉，或失败就彻底否定，互联网平台允许试错和失败，这是以互联网为基本构架的媒体融合的传播规律之一。视听主流媒体应聚合不同的主体——用户、播客、极客、专业人士、专业网络视听组织等，提供多种编辑、分享功能，在具有数字基因的视听平台上协同创新视听内容，聚合人气。

与传统媒介环境不同，内容和平台的特色和成功一般而言很难复制，一个重要原因在于，视听优势是相对的，需要平台和内容不断地处于动态的创新中，不断地寻找两者最佳的契合点，做成自己的特色内容和平台，尤其是做好移动社交平台。优质的平台优势能带来传播优势，将视听内容价值最大化，满足用户的视听需求。

视听主流媒体搭建优质平台的关键因素主要有功能特色、界面亲切、内容智能匹配等。具体而言，视听主流媒体依靠多种智媒技术和人性化的交互设计，通过互联网，以移动客户端等多种端口全面贯通，真正实现平台收看互动的智能化。用户等不同的主体免费加入平台，通过自选交易、平台自动匹配、定制性服务等多种模式，完成视听内容的呈现传播和互动，甚至是鼓励创新，使视听主流媒体拥有更多创新的运营机会，以及融合转型架构设计、技术支撑、新媒体产品定制生产等延展性服务，使优质视听内容的传播和营销推广能够精准全面、迅速有效地达成。

渠道的扩张和融合是立体化传播格局建设的首要任务，理想化的状态是广播、电视、报刊、网站、微博、微信、App 等各个媒体渠道和传播平台彼此统合协同、紧密融合。但实践中往往存在很多问题，具体表现为不同媒体平台在创建初期大多各自独立发展，建立自己的内容平台、技术平台和人才队伍，在组织架构上也相互独立，不同平台各自为营或勾连不紧密，媒体资源和生产要素缺乏有效整合，没有形成一体化的组织架构和工作机制，也没有形成媒体矩阵的传播力和影响力。因此，如何实现不同渠道之间的联动协同与互融互通，减少资源浪费，进一步提升传播效果，是传统媒体在立体化传播格局建设中面临的首要问题。①

---

① 沈忱、王宁：《省级广电立体化传播格局建设研究》，《电视研究》，2016 年第 7 期。

总之，在智媒生态下，视听主流媒体仍然具有内容优势，但视听主流媒体的内容优势不在数量上，这方面很难与新视听媒体的海量视听内容相比拼；但是从质量上来看，新视听媒体的过度海量视听信息则成为劣势，视听主流媒体可以集中优质资源，制作出思想性、艺术性和观赏性俱佳的精品视听内容。制作出原创头部内容，还需要优质平台相匹配，才能将内容优势变现，转换为传播优势。

第四章　视听主流媒体服务4.0扩展[①]

工业4.0[②]是德国政府创造的一个术语，这一观念扩展到了媒体和混合通信领域。随着信息技术发展，特别是5G技术开始进入商用阶段，媒体传播逐渐进入以数据化、网络化、机器自组织为特征的工业4.0时代，大数据和智能化成为基础标配，这促成了以物理信息融合为基础的万物互联的新媒体环境的生成，媒体、新闻报道和平台、信息服务的全面实时交叉渗透，"日常生活媒介化，媒介生活日常化"，依赖于各种传感器、执行器及软件，通过互联网，实现全面无缝的信息浸润式传播互动。"人工智能技术正在重构新闻生产流程，推动以广告为主的盈利模式向内容付费模式转变；大数据和云计算将大幅提高新闻报道的深度和广度，甚至预测社会发展趋势；虚拟现实技术将拓展媒体内容的呈现形式，为观众提供浸入式体验，在影视、社交、游戏等领域开拓出新的盈利模式。"[③] 本章拟对4.0时代的视听主流媒体服务扩展进行探讨。

[①] 本部分内容曾以《智媒时代主流媒体发展的两个核心转变趋向》为题，发表于《编辑之友》2020年第7期，此次出版时有修改。

[②] 工业4.0指由德国政府《德国2020高技术战略》所提出的十大未来项目之一。"工业4.0"概念包含了由集中式控制向分散式增强型控制的基本模式转变，目标是建立一个高度灵活的个性化和数字化的产品与服务的生产模式。在这种模式中，传统的行业界限将消失，并会产生各种新的活动领域和合作形式。创造新价值的过程正在发生改变，产业链分工将被重组。这一观念已经逐渐扩展到了媒体和混合通信领域。

[③] 崔保国：《中国传媒产业发展报告（2018）》，社会科学文献出版社，2018年版。

第一节 以视听信息服务为中心的转变

4.0时代,随着新媒体技术及便携式终端融入日常生活,视听主流媒体逐渐从传统视听新闻报道,转向用户需求(User-focused)为导向的视听信息服务,目前无论是国内的"三微一端一抖"(微博、微信、微视频、新闻客户端和抖音),还是国外的数字化信息平台(以报纸为例,如美国《达拉斯晨报》建立的适应社交化数字出版的新闻编辑部,英国《卫报》以可视化数据为中心的"开放新闻"),都在探索新的新闻报道方式,满足用户的需求。而随着用户信息交互质和量的提升,这种以引导为主的新闻报道的影响力必然逐渐降低,而国外基于综合化、动态化、个性化为基础的新平台(如美国的Banjo、NowThis等),使个体用户主动融合多种社会化媒体,利用数字化、数据区块链、人工智能、用户体验和物联网来构建下一代媒体创新,并提供前所未有的发展模式,以信息服务为中心,为视听主流媒体提供新的发展指明方向。

一、有效综合化视听信息服务

提供丰富专业化的新闻报道是很多视听媒体努力追求的目标。但4.0时代,对视听主流媒体而言,有效综合化的视听信息服务才是关键。视听主流媒体不再局限于单一的媒介驱动、内容驱动、平台驱动或数据驱动。"互联网重构了媒体与大众之间的权利关系,渠道类别与层次的多样性为人们的个性化信息需求与偏好带来了更多机会,渠道间网状的互联互通使信息传播者与接受者之间的互动交流和双向协作成为可能。传统媒体所主导的信息偏好逐渐被淡化,传播内容和要素更加丰富、多元和富有个性,内容越来越贴近大众的个人生活、个人情感和个性体验。"[1]视听新闻报道和信息服务伴随着媒介环境的变化而产生,从而改变了整个社会的生活和工作方式,改变了人们与新闻报

---

[1] 喻国明、张超等:《"个人被激活"的时代:互联网逻辑下传播生态的重构》,《现代传播》,2015年第5期。

道、媒介技术和媒体之间的关系,这带来视听新闻报道内容、形式等的新发展和生产的根本性转变和调整——不仅仅是提供视听信息,更是提供视听服务——以便于跟得上人们对视听信息获取倾向的变化,为其提供全方位的视听信息服务,因此这是一种基于视听信息服务的综合驱动。

"综合化驱动"成常态。一些传统视听主流媒体在转型过程中依靠单一性驱动获得的暂时优势,随着时间推移而逐渐丧失。从根本而言,视听主流媒体未能真正领悟各方面的优势和劣势,本身忽略了智媒生态下视听信息服务重点在于有效的信息聚合服务。形成综合驱动的理念,实现媒体质的升华。具有嵌入性和融合性的技术及终端设备使得从视听信息采集、制作、传播到反馈、互动各个环节密切关联,不可分割,专业技术人员不再独享整个流程,用户成为参与者,在视听信息服务的整个流程周期中发挥重要作用。这对媒体专业技术人员的素养要求更高更新,目前这种困难性主要源于两点:原有技术层面的学习和创新,人员层面观念转型和素养的提升。因此,"综合化驱动"并非口号,而是视听主流媒体运营中的实践运用,突破视听新闻报道的宣传或是拟态环境构建局限,形成高质量、高效率的视听信息传播,提供有效、丰富的数据化多元信息。

这一转变进一步明确4.0时代媒体的准确定位,表现为数据化、网络化、机器自组织。视听主流媒体的创新发展已经不仅局限于计算机(媒介)的链接,诸如智能手机移动端(平台)链接、视听新闻报道的推送(内容),而是基于用户(及用户间)信息需求,主动通过一切与万维网链接的端口设备所进行有针对性的信息互动交流。这种视听技术上的开放性、视听内容上的自足性、介质上的多元性、用户群体上的主动性不断冲击着基于封闭的传统视听新闻报道标准的生产系统和传播系统,不可能独享信息形成垄断性视听新闻报道,更不可能依赖于特定的技术平台形成独占性影响。数字技术、网络技术和机器自动化技术的渗入改变了既有的生产模式,从规模经济(Economies of Scale,通过批量生产降低成本)到范围经济(Economies of Scope)的转变,改变了大一统的缺少新意的批量生产,而使用户拥有多元化的信息内容。由此,视听信息服务的重要性远远大于视听信息生产。视听信息服务为中心的综合驱动应是视听信息与服务的融合,提供有效的视听信息,避免冗余的视听信息。对用户需求的敏锐把握,需要视听媒体技术、内容、平台等多方面综合发挥效用。

二、动态化视听信息服务

传统视听主流媒体一般遵循由记者编辑等采集、讨论、制作和发布等环节，整体是一种静态的视听新闻报道模式。"按照传播学者约书亚·梅洛维茨的观点，传播技术是形构情境的空间机制。他以电视为例，认为电子媒介的最大影响在于摧毁了印刷媒介长期以来制造的社会空间感。……而网络的出现则不仅打破了大众媒体所营造的空间感，而且将信息获取、娱乐、商品消费、教育学习、社会交往、组织管理、政治动员等过去由不同的社会机制完成的功能都整合到了一个平台上。"[①] 随着微型传感器和执行器不断嵌入视听信息传播系统中，媒介生态环境智能型从 Web1.0、Web2.0、万物万联的 Web3.0，到如今信息＋服务物理信息融合的 4.0 综合驱动，围绕信息服务的电子驱动和网络连接，视听主流媒体传播的各个环节发生了根本性转变。一方面是视听信息传播技术更普遍化和便捷化，另一方面是媒介信息环境的复杂化和冗余化成为常态。新闻从业人员自身定位及自身实践出现模糊性，"人人都有麦克风"，人人都可参与传播的各环节中，人与人之间的关联比以往任何时代都更为密切，也比以往任何时代都显得无足轻重——连接的频繁性和偶发性成为常态，信息传播过程中不再有唯一权威指向性新闻报道，多元化的视听信息不断碰撞，随着人际关系网络的扩展而病毒式扩散。与此同时，软件、互联网和云计算构成了视听信息流动、形成舆论、影响公众的新元素。这并非说专业化的流程不再重要，而是指不能将这些新元素嵌入进来，需要构建新的专业化流程。

这仅仅依靠传统媒体视听新闻报道生产流程的小调整是不行的，需要从思维观念到内容呈现等多方面重新定位，简单而言，从以视听内容制作为中心转向视听内容服务为中心。围绕视听内容提供哪些服务，包括从伴随视听信息内容的服务和补充性的服务，到基于视听信息成为主要特色视听内容的服务，直到与提供的信息内容无关的服务。传统的组织间隔必须打破，重新构建，这也是个别"中央厨房"的尝试不能成功的主要原因——必须在扁平化的同时，将传统的视听内容制作转向视听内容服务，不仅仅是增加几个新媒体平台，或是

[①] 刘海龙：《像爱护爱豆一样爱国：新媒体与"粉丝民族主义"的诞生》，《现代传播》，2017 年第 4 期。

将原有的部门杂糅在一起，却做的还是原来的"菜"。垄断性的制作已经不能适应多元化信息流动带来的服务新需求。如此不仅需要打破专业化视听新闻报道的部门间隔，还要强化扁平化服务衔接，做到数据的全流通及优化整合。

如此，视听主流媒体需要一个全新的软件系统以支撑新的视听信息传播需求，覆盖视听信息内容的整个生命周期：从最初的视听信息内容设计理念，到视听信息内容制作和传播，再到视听信息内容的流动与视听信息服务。为了让人们在4.0工作，他们需要超出传统视听的技能，甚至超越"音译"的新技能，充分理解、掌握在各种平台和媒体之间进行交流的能力。他们需要能够在人—人、人—机、机—人、机—机之间确定编码和解码不同类型话语的适当方式和策略。[①] 4.0时代的整个视听信息传播的产业链条中，已经不再是某个部门、频道或单一媒体内部的数据交换，而是通过跨部门、跨媒体的数据交换来实现视听内容服务潜力的优化，以此适应终端客户直接参与视听信息内容生产传播的新境况，激活用户的参与性与创造性，使整个产业链的管理更具动态性和复杂性。由于虚拟与现实空间不断地交互融合，视听主流媒体需要改变静态的线性化流程，从新的角度来思考生产方法的改进措施。不同部门的数据、多元化用户的数据等，都可以直接转化到视听信息内容制作、传播中来，也可以直接作用于优化内容设计制作及传播服务的上游。4.0时代的媒体可以在扁平化的视听信息流动构架中实现视听新闻报道的动态化。

三、复杂个性化信息服务

视听主流媒体正朝着个性化、大规模的信息服务发展，视听信息更加去中心化，视听信息传播地域分布更广。与此同时，按照摩尔定律，技术升级换代更为频繁，而机器自动化技术彼此连接，形成彼此呼应的链条，信息膨胀速度也呈指数式增长，这使得信息服务更加复杂。如上所述，视听主流媒体对视听信息对象进行优化是必然的。分散模糊的大众是媒体传统认识，4.0时代媒体要生存发展，必须明确视听信息服务的对象。互联网可以通过点击实现相关视听内容的推送，但相关研究表明这种推送的有效性值得商榷。需要针对媒体用

---

① Ray Gallon, Dr. Neus Lorenzo, Michael Josefowicz, *Of humans and robots—Communication challenges in Industry* 4.0, http://www.tcworld.info/e-magazine/technical-communication/article/of-humans-and-robots-communication-challenges-in-industry-40/.

户进行两个方面的扩展：一是如何找到并定义遁形于广袤市场和社会空间中的低密度分布的需求，并在极低成本和代价的前提下使其与特定内容实现匹配；二是如何为基于个性化场景的需求建立多点触达的需求入口。①

但视听主流媒体需要明确自己信息能够覆盖的用户、应该覆盖的用户和实际覆盖的用户，还要优化这些用户，改变"揽进篮子里的都是菜"的观念，更要避免为迎合用户而片面追求满足其个性化，视听主流媒体信息推送应从片面性个性化到复杂性个性化。表面看，视听主流媒体制作对象是信息，但深度看，视听主流媒体的服务对象是用户，将视听信息制作与用户需求有效结合才能更高效地实现视听主流媒体的发展。

视听信息内容的优化首先表现为对个性化的满足和对视听信息复杂性的适应。用户需求变化大，信息冗余的增加，加之个性化的信息需求，增加了整个视听信息传播流程的复杂化，视听新闻报道更具动态性。视听信息传输及互动能力的提升，进一步实现了时间对空间的压缩，视听信息的采集、加工、成型、传播、互动、扩散、修订再加工、传播等整个过程不再是单一的线性过程，而是立体的网状过程。这些基于用户需求而形成不同的节点聚合，针对个性需求的视听信息服务更为重要。

技术上的发展可以实现采集视听信息的自动化聚合互动，但更需要专业化技术人员进行操作。目前很多视听主流媒体都拥有较为先进的技术和设备，但是在实现视听信息内容的优化上仍不理想，如仅仅局限在原媒体内容的自动化推送，或多种平台上的视听信息发布，让用户自己去寻找获取视听信息。换言之，应针对用户的不同需求提供同样的参与可能，提供多元化的视听信息服务，建立一个数字信息无缝互联的技术平台，不同的用户和媒体可以利用这一平台互动，提供专业性和差异性的视听信息聚合，满足特定的视听信息服务需求。

在视听信息异常丰富的当下，要使用户发现和持续接收特定媒体的视听信息内容，就要有针对性地主动推送特色视听信息，实现视听信息的自动化有效聚合。节点的聚合代表着用户视听信息兴趣点的聚合，也是人际关系的聚合。所以，视听信息服务过程可具化为视听信息聚合、节点聚合、人际关系聚合三

---

① 喻国明：《互联网发展的"下半场"：传媒转型的价值标尺与关键路径》，《当代传播》，2017年第4期。

部分。视听信息内容的优化正是这三个部分的优化，目前对自动化技术使用有两种状态：一种是消极地等待用户的互动，一种是积极地激发用户的互动。目前媒体的多平台使用在很大程度上还处在前一个状态，即等待用户"Pull"信息，而不是主动"Push"信息，忽略了视听信息聚合带来的节点聚合及人际关系的聚合，后一种状态则专注于构建持续性的媒体黏度。在新媒体环境下，制作优秀的新闻报道或消息已经无法满足人们的期望。只有以满足人们的复杂性、个性化需求为标准，以恰当的制作方式制作传播视听信息内容，引导人们形成紧密的人际关系聚合，才能实现视听主流媒体的持续性黏度，实现视听信息对象的优化。

第二节　视听信息融合技术流程的转变

新媒体环境下，技术提供了便捷和可能，需要视听主流媒体主动开掘这些功能，提高视听信息制作能力，加强视听信息分享有效性，提高视听信息传播灵活性，将可能转变为现实，充分发挥人的因素，使视听主流媒体和用户能够在日益复杂的价值链条中进行高效资源优化，使视听信息制作和服务能更加紧密链接，主动引导视听信息，聚合人际关系。

一、数据增值链优化是关键

数据链的优化首先是指数据人的整合，而非数据整合，重点落在了"人"上。4.0时代新媒体技术的发展推进了机器自组织化的发展，这不等于全部依赖基于用户信息行为自动生成的智能数据，因为存在冗余信息，更重要的是容易形成同质化的循环数据，湮没真正有价值的数据，而造成媒体内容缺乏创新。机器与算法可以更多地描绘现实图景，但对现实图景的意义的解读，在很大程度上还需要人，尤其需要受过专业训练的媒体人。[1] 简言之，并非所有的数据都重要，这取决于视听信息聚合在特定场景中与用户需求的契合度，这需

---

[1] 彭兰：《未来传媒生态：消失的边界与重构的版图》，《现代传播》，2017年第1期。

要专业人员对数据进行整合分析。

前提是对数据人的整合。有了人的有效整合，才能更好地将不同的视听数据信息进行有效整合。不同的视听主流媒体可能获取不同的视听数据，封闭的数据难以突破媒体自身获取视听信息的局限，不同数据的碰撞会增加数据创新的概率，而机器自组织化的关键在于数据的充分分享，而非区隔化。喻国明认为，"媒介是连接人的全部社会关系的纽带，而媒介迭代之'新'就意味着为这个纽带的连接提供了新的尺度、新的内容和新的范式。认为媒介是连接人的全部社会关系的纽带，而媒介迭代之'新'就意味着为这个纽带的连接提供了新的尺度、新的内容和新的范式"[①]。因此，视听主流媒体数据人的整合需要充分考虑在4.0时代的视听信息生产传播流程中，横向一体化发展（本媒体的发展与合作，在本媒体内的定位与发展等）、纵向一体化发展（不同媒体的发展与合作，在不同媒体中的定位与发展等），在本媒体内开放媒体数据，通过数据人的整合，降低同质化内容的制作和传播，提供更有效的信息服务。同时，在不同视听主流媒体间开放数据分享，降低单一视听主流媒体信息采集等环节的局限性，创新本媒体在多元媒体中的特殊定位，提供更具特色的视听信息服务。专业化人员根据所获取的数据，制定特定算法，进行分析和预测，并构建一定的互动规则，驱动特定的视听信息流向特定的用户。（如图4-1所示）

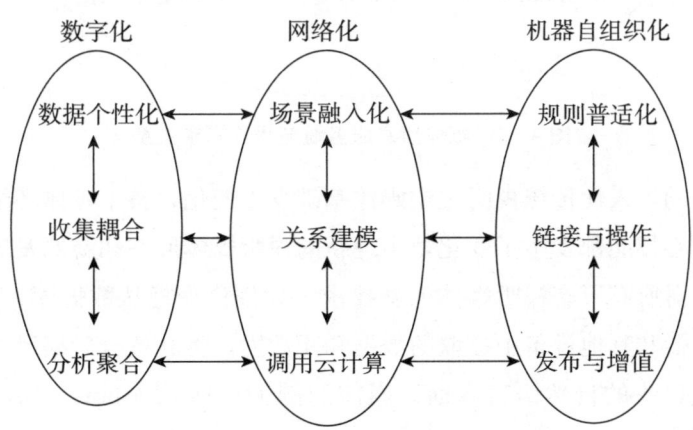

图4-1 数据化价值链增值优化过程

[①] 喻国明：《未来媒介的进化逻辑："人的连接"的迭代、重组与升维——从"场景时代"到"元宇宙"再到"心世界"的未来》，《新闻界》，2021年第10期。

视听主流媒体需要对这一系列关联数据的逻辑聚合进行分析，形成特定的信息链条，完善视听信息服务。"数据独立使用时是个性化服务的依据，集合使用是了解某个群体状态、某个社会动向的基础。"① 因此，4.0 时代媒体不再仅仅是一种上传下载或者互动的平台，而是信息服务中心，而且作为主体不断地引发视听信息的流动、聚合，区分可用数据和干扰数据，并做相应的过滤，从而更好地理解如何有效促成多元化用户关系的形成，理解飞速发展的信息智能系统和智能对象，实现互联网（Internet of Web）、物联网（Internet of Things）和人联网（Internet of Humans）的聚合，形成具有连通性的视听信息聚合，实现有效率的视听信息服务。图 4-2 显示了媒体信息服务链对用户需求的满足过程。

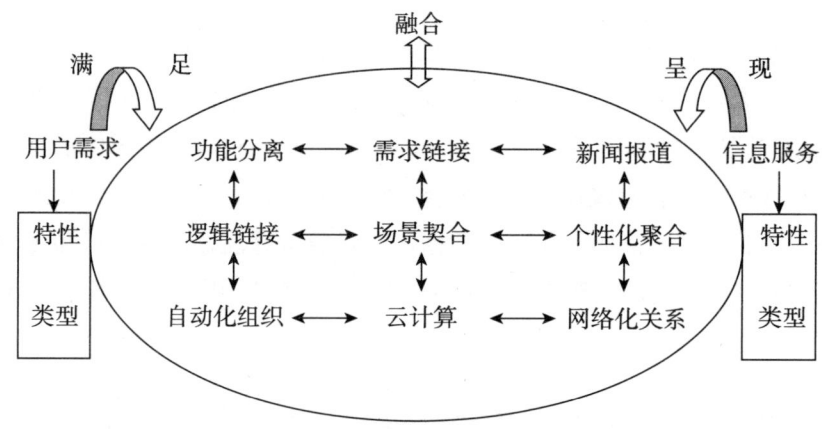

图 4-2　媒体信息服务链与用户需求关系

新元素的加入使传统视听主流媒体基础发生变化，整个媒体环境、媒体流程、媒体核心技能都发生了变化，出现新的视听媒体形态和新的发展要素，随之而来的是对所有形态视听媒体的新要求。软件代理把从数据库、人类代理、上下文传感器和其他设备中提取的数据和元数据，将其整合后编译成信息，呈现为书面或口头的自然语言界面。当前的例子包括 Chatbots、SIRI、Google Assist、Amazon Echo 等。这些代理通过聚合大数据来确定内容、上下文状态和可视化工具的层次结构，还根据不同通信的重要性，为网络访问创建优先协

---

① 李沁：《沉浸传播：第三媒介时代的传播范式》，清华大学出版社，2013 年版，第 43 页。

议。如基于地理位置的传感器、执行器等，成为人们信息沟通的标配，这体现出一种泛媒化的趋势，"其中值得关注的三个动向是：传感器对信息生产深层变革的触发、智能家居与人机交互新技术可能的前景、互联网技术带来更多的流动化和场景化新传播形态"①。

这可能带来新的发展潜力和机遇，也容易招致混乱，因此，视听信息制作和传播的演化应随着视听技术创新和规则重构而进行。视听主流媒体演化成功与否不仅仅是技术上的问题，更多地取决于一系列软性指标，如视听媒体文化的构建、"社会化媒体"的人际构建、媒体领导层和执行层之间关系的构建、领导行为与决策程序的变化、信息组织和流程的发展和不断涌现的新技术的使用、不同专业技术人员潜能的激发和合作关系的构建等。移动互联、社会化媒体、物联网、大数据以分析和优化等技术上的革新相互产生影响，引发不同视听媒体之间的共鸣，也促使媒体与视听信息关系重新创新与定位。只有将用户需求与媒体视听信息服务相互融合，与媒体相关的多元数字平台的建立才能实现。

二、视听信息服务契合场景是表征

适应不同场景的用户需求，灵活多样地提供有效的视听信息服务，是视听主流媒体获得成功的关键。"在移动互联网时代，场景越来越成为承载人的需要、生活空间、市场价值的新的承载物。视频直播技术极大丰富了场景的构成形态与功能属性。"② 与传统视听主流媒体流程相比有很大不同，日益开放的视听信息流动系统、频繁的视听数据交换以及专业技术人员必须以一种截然不同的形式集成于不同的领域和场景之中，满足更具个性化的视听信息需求。媒体视听信息服务的流程具有多样化的特征，视听信息不断地自动形成数据化内容，不断地聚合于不同的节点，视听主流媒体越来越远离传统专业化制作流程，视听新闻报道形式和定义被重新构建，视听信息服务成为核心问题。

新元素不仅仅是嵌入性或操作性的，而且在很大程度上具有场景的自主性——基于特定场景的信息自主流动融合，形成全新的视听信息产品和视听信

---

① 彭兰：《万物皆媒——新一轮技术驱动的泛媒化趋势》，《编辑之友》，2016年第3期。
② 喻国明：《从技术逻辑到社交平台：视频直播新形态的价值探讨》，《新闻与写作》，2017年第2期。

息服务。静态的专业化视听新闻生成模式不能适应动态的视听信息流动模式，单一的呈现形式也不能满足用户多元化的视听需求。一项国外研究显示，个人将大众传达的信息转发给他人时，附加了评论，这可能比原始信息更有说服力。[①] 类似的研究显示出个体在信息编码、解码等过程中，由隐性元素转为显性元素，并深刻影响着场景自主性。

视听信息传播的设备终端将会更加智能灵活、小巧高效，移动社交成为视听信息服务的重要方面。这使视听信息服务在地点和时间上更加灵活，互动的频率增加了，产生了更多的数据。具有简单性和交互性的用户界面变得十分重要，适应用户界面的内容形式，可以提升视听信息服务的质量。开放的视听平台和技术为群体的人际关系聚合进一步提供了条件，视听主流媒体可以主动设置话题、释放信息、捕捉信息。面对不断发展的视听信息技术，创新是新媒体环境下视听主流媒体发展的重要驱动力。媒体可以在不同场景聚合中重新定位，以开放的姿态主动融入特定视听信息流，尊重视听信息流动的自主性规律，形成视听信息关系网。

移动互联技术无处不在，信息流动就像电或水，社交化媒体成为主要的承载形式。从外在的设备到内在的传感器，从视听信息制作的被动整合到视听信息数据的主动聚合，从有限的视听内容反馈和环境认知到个性化的视听信息内容互动和自动化场景定位，新媒体环境下视听主流媒体更倾向成为整个信息社会不可或缺的链接点。视听信息能够通过媒体的链接自主地互相联系，并由此获得了扩展功能，为用户创造多元动态的视听价值。

只有契合用户特定场景下需求的视听信息才被赋予主要意义，视听主流媒体报道的主题也才能更好地在网络化过程中实现与多元用户需求的共鸣。在日益增加的全球信息监管趋势及其相关举证责任已变成巨大的复杂性驱动因素背景下，视听主流媒体信息服务中的主体性构建显得更为重要。（如图 4-3 所示）

---

① A. J. Flanagin, "Online Social Influence and the Convergence of Mass and Interpersonal Communication", *Human Communication Research*, 2017, Vol. 43, pp. 450−463.

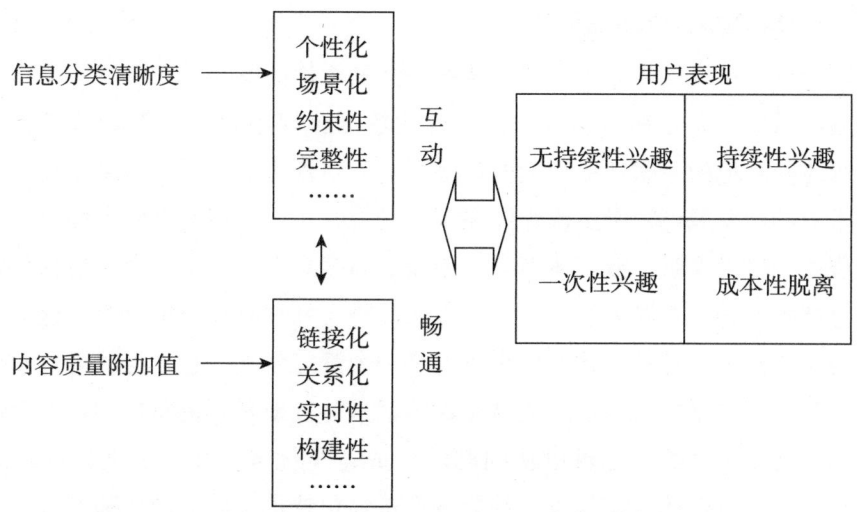

图 4-3　视听主流媒体信息服务约束和提升因素与用户表现分析

三、创新视听技术是动力

视听主流媒体具有不断创新视听技术的动力，视听主流媒体发展的着力点应在创新视听技术能力的构建上。在不同媒体平台上，基于大数据、社会化媒体及计算机科学进行的大规模在线信息交互，更具创新性。[①] 视听信息技术的飞速发展，视听信息量的指数扩展，以及用户视听信息需求的多元化，使得视听主流媒体不再仅仅是视听信息制作的中心，更多呈现为不断促使视听信息优化、聚合的主体，主动引导着视听信息流动，不断地创新媒体视听信息服务系统。社会化媒体或自媒体是数据化媒体的组成部分，将特定的视听信息与网络化的个体相联系，并为媒体视听信息服务的进一步增值提供数据，诸如感兴趣的话题、常用的表述方式、意见的倾向等，将这些引向本媒体，在后端的信息服务流程中自动将信息制作传播引向最优路径。"免费、易用性、有用性、信息需求压力、碎片化时间的利用是用户选择使用新闻客户端的原因。而微博、微信的替代功能、信息冗余、内容同质化、硬件问题（内存不足）是制约传统

---

① J. N. Cappella, "Vectors into the future of mass and interpersonal communication research: Big data, social media, and computational social science", *Human Communication Research*, 2017, Vol. 42, pp. 545-558.

媒体客户端使用的主要因素。"①

对于视听主流媒体而言，视听技术创新是媒体能够通过提升视听信息数据的开放灵活度，充分感知场景，达到构建数据化媒体目的。创新意味着动态性，媒体与环境的关联性更加紧密，融合成为新视听信息服务的孵化场所。借助技术上的新发展，视听主流媒体在多种场景为不同的用户提供个性化的视听信息服务。对于视听主流媒体而言，创新之后随之而来的是整合，包括各种视听信息技术整合、不同人员整合、表现形式整合和视听内容整合等，这势必带来视听主流媒体的转型。数据化媒体不是一个静态概念，它本身就蕴含着持续创新、整合和转型之义。构建数据化媒体就是智能地利用机器自动化整合数据化信息，使复杂性的话题可以从问题转变成竞争优势，转型是创新的最终结果，使视听主流媒体重新定位，并能进一步强化技术层面的创新和整合。视听主流媒体行业的未来取决于一套由视听生态系统驱动的创新、整合和转型，在这一层面上，视听主流媒体才能摆脱原有的生产模式、传播模式，尤其是重制作、轻服务的倾向，动态地建构起新的视听媒体生态系统。

视听媒体功能创新通常是在视听信息技术创新较深层面实现的。数据化、网络化和机器自动化等技术上的革新，不断推动媒体围绕着用户的需求，开发新的功能，促进视听信息服务的提升。视听信息服务的需求变化越来越频繁，视听主流媒体整合、转型的时间间隔也越来越短，类型越来越多元，如图 4-4 所示，包括多元需求驱动、移动介质驱动、精准场景驱动、复杂系统驱动和人际关系驱动等。伴随而来的是，信息不再被困在箱子里，传统意义上有限的信息制作不能满足用户对信息服务瞬息变化的需求。随着新媒体技术及网络完全嵌入日常信息沟通，以此为构架的媒体可完全占有传统媒体提供的原创内容和用户数据，从而形成"大规模数据收集—深度数据挖掘—定向数据利用"的可持续商业循环。②

---

① 匡文波、邱水梅：《基于技术接受模型的传统媒体客户端用户使用行为研究》，《现代传播》，2017 年第 1 期。
② 黄淼：《媒体融合的英美实践》，《新闻与写作》，2016 年第 11 期。

第四章 视听主流媒体服务 4.0 扩展

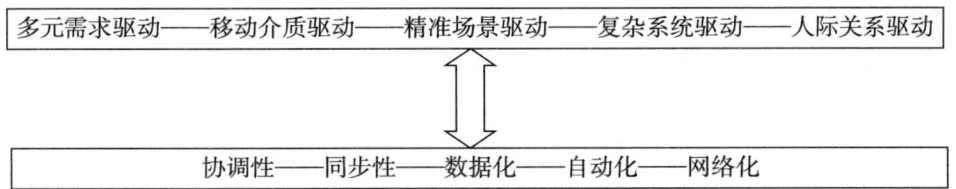

图 4—4 媒体信息服务驱动类型及特征

因此，视听主流媒体需要从简单的视听信息内容驱动，转向移动驱动和场景驱动，通过协调不同数据与视听信息的系统关联，以机器自动化来实现媒体的同步性，触动人际关系驱动。这与视听数据资源的开放和共享相同，需要更多专业技术人员的动态整合。这是构建 4.0 版本的视听主流媒体，要求协调信息多元需求，通过自动化组织与发布特定的信息，形成网络化关系，这就必须保证视听信息流动的功能性发展与人员实践的可能性不受限制，突破相应的视听技术迭代发展带来的限制，将核心始终放在视听信息服务和视听信息服务系统的功能定位与实现上。一方面，扩展多种视听信息服务功能，由此提升视听信息服务的多元化；另一方面，通过不断创新、整合和转型，以新的变体来增加视听信息服务的个性化，同时降低其复杂性。

总之，数据化、网络化和机器自动化是 4.0 时代视听主流媒体发展的主要趋向。当下视听主流媒体发展的困惑在于旧标准已式微，而新标准尚未达成共识。数据化、网络化及机器自动化等正迅速推动视听信息服务新表征的构建。视听主流媒体所面对的不是单一方面的"嫁接"或"转型"，而是全新的视听主流媒体构建。视听主流媒体要主动融合用户需求，构建全新的视听主流媒体，通过人的实施来激发、满足不同用户需求。对于不同的数据结构、数据量和数据流速与不同的关联及分析可能性的结合，以及对多元数据的捕捉、存储、整合、分析和管理，仍然需要专业技术人才在结构化的信息架构上予以实施。有价值的数据被自动化机器发现、归类、整合，被专业技术人员运用于信息服务中，激活数据增值链条。

新媒体技术发展不断呈现着摩尔定律。对视听新闻发展而言，技术与人在具体的视听信息服务中的关联互动如图 4—5① 所示，围绕着数据化、网络化和

---

① 此图是笔者依据 MBSE 流程图构建，参见乌尔里希·森德勒：《工业 4.0：即将来袭的第四次工业革命》，邓敏、李现民译，机械工业出版社，2015 年版，第 134 页。

机器自动化等技术，实时、有效、可靠的视听信息服务是核心，不同层面的专业人员的灵活整合是基础。它们共同构建了 4.0 时代新的媒体信息服务的过程及发展的可能，定位了媒体发展的指向。

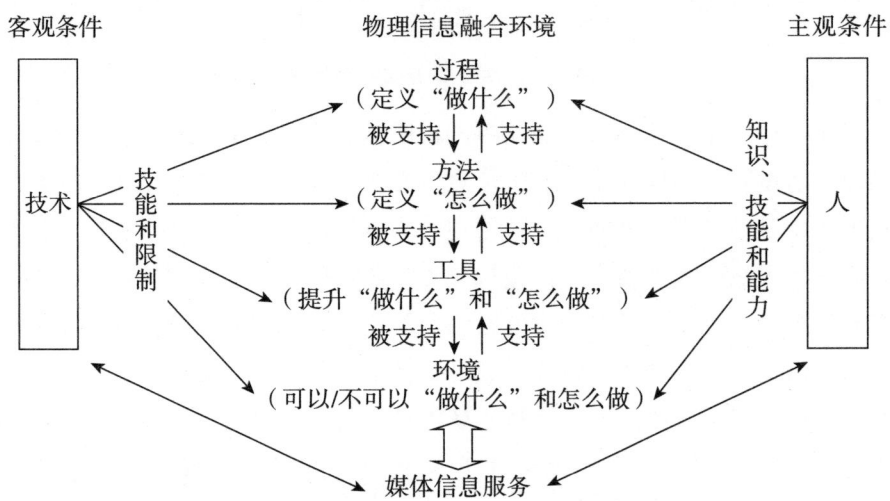

图 4-5　4.0 时代媒体信息服务的过程及发展的可能

智媒生态下构建全新视听主流媒体需要从技术、人员、流程等方面深入融合，而不仅仅是形式上的嵌入，更多是融合、创新、整合和转型的过程，不断推动视听主流媒体的发展，提升视听新闻报道的敏捷度和灵活度，以视听信息的实时无缝集成和数据的完整开放连接，为多元化用户提供细致入微的视听信息服务。

第五章　视听主流媒体新闻报道的发展

新闻立台是视听主流媒体的基础和核心，这点毋庸置疑。而智媒生态下如何做好视听新闻呢？随着视听内容的丰富，视听传播交互更加直接便捷，仅仅局限于以往观念做新闻，显然已经不适合，这需要转变思维，生产适应视听主流媒体融合平台、满足用户多元化视听信息需求的新闻报道。

第一节　视听新闻报道变化

哈罗德·伊尼斯（Harold Innis）曾说："不同媒介对控制力有着不同潜力。不能广泛传播的，或者需要特殊编码和解码技术的媒介很可能会被上流阶层所利用，他们有时间和来源获得这些媒介。相反，如果一种媒介很容易被普通人接触到，它就会被民主化。"[1] 媒体融合的发展，改变了视听新闻报道的各环节。

一、视听新闻报道过程的变化

视听新闻报道近年来主要出现以下变化：从传播主体看，除了专业从业人员，用户也参与新闻信息制作传播过程，成为主体之一；从传播的覆盖空间看，行政区域划分形成的视听传播隔离和垄断，被突破地域限制形成的全国网

---

[1] 约书亚·梅罗维茨：《消失的地域：电子媒介对社会行为的影响》，肖志军译，清华大学出版社，2002年版，第12页。

络覆盖空间替代；从传播的持续性看，从限时段的线性传播，转变为全时段的非线性传播；从传播的渠道看，从广播、电视等垄断型的专业机构，转变为以互联网技术为基础的广播、电视、自媒体等专业和非专业的多元渠道。视听传播主体、视听内容生产和用户视听体验均等发生了变化。

对于视听新闻真实的判断依据也发生了变化。从需求和满足的视角来看，用户不再被动接受视听内容，而是主动寻找或主动制作视听内容。尤其是不断出现的新媒介和使用新媒体的用户，逐渐获得了视听传播和视听体验的主动权，在传统媒介环境下，"人们从电视获知信息，并且认为报道的强度反映了国家精英所判断的议题的重要性"[1]。当下，人们从电视等各种新的视听媒体获知信息，根据自身偏好筛选这些视听信息，认为这些视听内容印证了自己偏好议题的重要性。

研究显示，除了媒体报道，用户对其他信源的信任度有明显差异。41.5%的用户认为，现场网友拍摄的事发真实视频，会让他们相信新闻的真实性。14.5%的用户认为微博转发量过万或上热搜会让其相信新闻真实性。[2] 有图有真相弥补了主体不同可能造成的文字叙述细节的差异，而视频的信息量远远大于图片和文字，能够较为完整地表现出事件、人物的全面信息。人们相信文字报道，更相信图片报道，但当完整的视频呈现在用户面前时，其可信度更高，互联网早期的"有图有真相"已经变成"有视频有真相"。面对热点事件，用户更希望第一时间看到现场或附近的传感器所捕捉到的视频。

由此，视听信息聚合成为重要专业技能。新闻聚合本身就是一种新技能，以往的新闻编辑主要从事素材的拼接和整合工作，如今则要参与新闻故事本身的创作。[3] 智媒生态下，视听主流媒体更需要编辑人员发挥"联结独立生产的新闻故事与飞速发展的行业标准的重要桥梁"作用。即使是"算法"也并非完全排除人的力量，"即使未来新闻报道完全由机器生成，编辑还是可以通过改写来植入专业的新闻判断"[4]。智媒生态下，视听新闻报道过程变化的关键在

---

[1] 迈克尔·舒德森：《新闻社会学》，徐桂权译，华夏出版社，2010年版，第35页。
[2] 参见企鹅智酷：《2017中国新媒体趋势报告》，2017年11月16日。
[3] 转引自常江：《聚合新闻：新闻聚合服务对新闻编辑行业的影响》，《编辑之友》，2018年第2期。
[4] 常江：《聚合新闻：新闻聚合服务对新闻编辑行业的影响》，《编辑之友》，2018年第2期。

于技术与人的主动性的契合，无论是视听内容的专业人员还是草根群体，都应从智媒技术普遍嵌入视听过程且产生实际影响的角度，全面审视自身在视听新闻制作、传播过程中的定位。如视听内容的算法推荐是在用户体验数据聚合和视听主流媒体数据分析的基础上不断试错、优化才能实现，视听新闻报道突破不同地域和平台限制以病毒式扩散方式产生影响。

二、视听动新闻的常态化

除了主流媒体，人们可以从微信、微博、网站、短视频等新渠道和平台获取信息，"已发生事实的报道"让位于"正在发生事实的报道"，视听动新闻逐渐常态化。

所谓视听动新闻，是指运用三维视频（动画）方式呈现突发新闻、焦点新闻的一种全新内容产品，它主要以网络、电视为传播载体，以 3D 新闻模拟场景为主体，融合现场照片、动画、旁白、音效等多媒体元素，模拟再现整个新闻事件过程或关键点。视频动新闻的宗旨在于让"静态平面"的新闻"活动"起来，增强新闻的可读性和可视性。

视听主流媒体是动新闻主要的生产主体之一，适应了智媒生态移动化、微型化、智能化的视听发展趋势。"移动终端、大数据平台、传感器、动态智能设备以及场景转换等智能化技术在新闻传播媒体中的应用，正在促动固态化的、即时的和相对静态的新闻传播方式改变为动态的、历时性的和多元智能型新闻传播方式，并带动新闻传播向开放、互动和多元生态转向。"[①] 视听动新闻与数据可视化等相结合，成为智媒生态下视听新闻发展的趋势和吸引用户的主要方式。

在 2021 年全国两会期间，人民日报为前线记者配备了集结 5G 功能的设备，如 5G 手机、笔记本、直播背包等。首次亮相的直播背包为一款"黑科技"多功能装备，其体积类似一台小型电脑，只需外接一台摄像机，直播背包就可完成采集、处理、传输等整套直播流程。由于设备较小，记者可以轻松地进行移动、行走直播，可以做到更低的延时、更清晰的画面，其移动便捷性对

[①] 杨效宏、徐晓芳、陈婧：《智能传播推进动态新闻内容的多元化创新》，《新闻界》，2017 年第 6 期。

新闻制作有很大帮助。同时亮相的还有由人民日报智慧媒体研究院研发的集"5G智能采访+AI辅助创作+新闻追踪"功能于一身的人民日报"智能创作机器人"。这个机器人虽然还没有实体形象，但让采编变得更加智能。智能眼镜解放记者双手，一人即可完成访谈、拍摄、记录等工作。[①] 视听主流媒体的动新闻更具有视听资源优势、专业制作优势、技术设备支撑优势和多平台呈现优势，关键在于如何将这些优势聚合，形成动新闻的常态化和有效化。

视听主流媒体有着自身特定的生产、播放流程，因而不可能在电视屏端实时播放一些新闻，但其具有来源于权威性、有公信力的源新闻优势。喻国明教授从新闻价值最大化的视角进行了分析，认为"源新闻是媒体的核心产品，在制作高质量的核心产品的同时，借助数字界面加强对源新闻的价值开发，在核心内容的多轮售卖中获取更多收益"[②]。媒体融合拥有的不仅是电视屏，还有其他新媒介平台——"两微一端一抖"，可以先发声，占有源新闻优势，再根据用户的反应数据和话题的热度数据分析，选准切入点，做好深度权威视听动新闻。

三、视听新闻的端口之争更趋激烈化

移动互联网技术的勃兴引发了激烈的新闻端口之争，这使传统媒体的新闻生产实践面临巨大变革。如何才能更好地运用新媒体融合技术、平台，生产更适合用户视听需求的新闻报道，对视听主流媒体的生存与发展十分关键。目前来看，虽然各级视听主流媒体基本都有"两微一端一抖"，但是由于始终无法克服旧有传统中商业取向和宣传取向之间最根本的矛盾，地方传统媒体的价值取向与报道旨趣与新媒体时代的大众文化并不契合。因此，这样的媒体融合转型只能停留在建成"新闻端口"层面，而无法形成挑战商业新闻端口的竞争力。[③]

智媒生态下，"端口"成为视听主流媒体新闻立台的重要着力点，好的新

---

① 牛慧清、谭思静：《重大主题报道的新闻产品创新——以人民日报2021两会融媒体报道为例》，《新闻战线》，2021年第11期。
② 喻国明：《媒介革命：互联网逻辑下传媒业发展的关键与进路》，人民日报出版社，2015年版，第143页。
③ 张婧妍、李宁：《"端口"争夺时代地方主流媒体的新闻生产——以"荔枝新闻"为个案》，《新闻界》，2018年第4期。

闻端口可以吸引更多的用户主动接触视听主流媒体，增加媒体触达率，同时，好的新闻端口还可以凸显新闻的价值和意义，增加新闻的引导力和影响力。学者胡翼青等分析了今日头条与传统媒体之争后，强调传统媒体应重视发挥新闻端口的实质性作用。视听主流媒体不仅要关注固定端口，而且要关注移动端口。人们更灵活地在不同的平台上进行视听消费，尤其是倾向于在手机平台上打开媒介端口。

　　就视听主流媒体发展而言，首先是要做"端口"，这有两个途径：一是自主研发，做出具有自己专利权的端口，这需要一定的人力、财力、物力和时间；二是与已有成功的端口合作，接入自己的平台和新闻，这需要融合思维，视听主流媒体的传播短板需要新视听媒体优势来弥补。好的端口切中用户视听使用偏好，可以更好地满足用户的视听需求。字节跳动下属产品今日头条、抖音、西瓜视频、火山小视频，海外产品 TopBuzz、TikTok 等都是为用户提供了切实的视听体验，才获得了用户的青睐。它们并不做原创新闻，却被视为最热络的新闻媒体。传统媒体曾指责今日头条通过深度链接将媒体的内容聚合到头条平台上分发，侵犯了内容版权，但同时又因为今日头条传播端口的影响力而纷纷与其开展合作。

　　智媒生态下，端口已经成为视听媒体发展的关键一环。这正如有的学者所指出的，"今天，传媒已经进入了一个端口之争的时代，新媒体在这方面各显神通，传统媒体已经不可能像以往那样重新控制用户端口"[①]。那么，智媒生态下，视听主流媒体要做好新闻的传播，扩大新闻的影响力，就需要主动打造融合端口，或是引入成功端口，以便更好地吸引用户，发挥自身的视听内容优势。

四、视听新闻报道迭代加速

　　视听主流媒体在以互联网技术为基础，以数字化（比特）为形式融合不同功能的过程中，其新闻产品不断发生变化，这种变化灵活契合用户多元化的视听需求，视听新闻报道迭代加速。超过半数的视听用户在使用移动媒介进行社

---

① 胡翼青、罗喆：《"版权之争"还是"端口之争"：一种思考新旧媒体之争的新视角》，《新闻界》，2018 年第 4 期。

交互动的同时,也在通过移动媒介获得新的知识和信息,关注社会热点事件和议题。近八成的用户会在社交平台上分享视听信息,还会促发其他用户关注并分享该视听信息。人们一边社交互动,一边进行视听新闻消费,新闻社交化成为常态。新闻成为人们之间进行互动交流的内容,也成为彼此增加联络、增强认同关联的重要途径。

视听主流媒体在关注视听新闻社交化的同时,也要注意社交视听新闻化的现象。人们浏览新闻的部分原因是出于有共同的话题或视听信息交流,带有目的性的浏览与随意性的浏览构成了人们彼此交互的不同范围,视听新闻话题成为人们交互的主要话题之一,而这些视听新闻话题来自多源头,视听主流媒体要发挥权威性强、公信力高等内容优势,既在第一落点体现传播力、影响力,又在第二落点显示权威性、公信力,引导并适应用户社交化的视听信息需求。

智媒生态下视听信息传播更为便捷,各种视听内容不断推陈出新,尤其是针对突发性事件的视听新闻,从不同的视角所拍摄而成的视听内容,形成了纷繁复杂的信息,在丰富视听新闻素材的同时,也在实时反映最新的事态发展,因此持续变化的新闻呈现在不同平台上成为常态。企鹅智酷调查指出,"复杂的舆情形态,海量的信息发布源头,让新闻的真实性和全面性更难获取,持续性迭代报道将超越一锤定音式报道,成为未来新闻操作的主要模式;部分(大部分)占据流量的自媒体作者却远离现场,再创作信息比例远远超过原生新闻,系统报道将全面激活用户,谁在现场谁就是新闻报道的起点"[①]。

尤其是智媒生态下,新闻报道由确切事实的"结果呈现",转变为对不断发展实时变化的"过程呈现"。视听主流媒体不再停留在延迟性或选择性的报道,而是依据不同平台,及时推出最新进展,提供新的视频、图片和文字等。在关涉民生类事件、突发性事件、公共性事件的视听报道中,更要有持续跟踪报道的思维,而且要进行细节的全方位持续呈现。

五、视听新闻深层次挖掘成重点

当前,"有图有真相","有视频有真相",视频、图像、文字等聚合构成视听新闻报道的新要素,随着多种主体的参与,视听主流媒体难以做出以往的独

---

① 企鹅智酷:《2017 中国新媒体趋势报告》,2017 年 11 月 16 日。

家新闻，甚至难以成为视听新闻报道的源头或发起者，其影响力和着力点更多在于对多元化视听信息的整合，尤其是其持续性的后续报道，对用户关注所引发的相关话题、问题的解释和回应，即视听新闻深层次挖掘报道成为视听主流媒体的重点。

即使是在报纸、广播、电视等发展鼎盛的时代，人们对新闻的选择仍然是有限的，即使当时最出色的新闻从业人员做出的新闻，其丰富性也难以与当下视听新闻相比较。智媒生态下，视听信息来源多元化，视听新闻报道制作的硬件（设备）和软件（技术及应用）得到很大提升，人们的媒介素养也在不断提高，人们的视听需求也在不断变化，这都使当下的新闻更具媒体融合的特征。视听信息在多元平台上具有病毒式传播的特点，多种自媒体、短视频等可以呈现更多元的视听内容。视听新闻报道制作和传播扩散的用户群体，也不断地对作为传统新闻专业机构的视听主流媒体提出了更多深层面调查报道的要求。

人们不再满足于只是发挥告知作用的视听新闻浅报道，而是要深入地对所报道的人、事、物等进行调查分析，在人人皆有快手、抖音、微信、微博等新媒体平台的当下，视听主流媒体"品牌"的标识度和影响力体现在对新闻事件、新闻人物等的权威解析上。中央电视台的央视新闻移动网、"央视新闻"客户端、央视网、"央视影音"及"央视频"等一系列品牌，以及上海、浙江、湖南等逐渐构建起的包括云计算、多屏面、全网链接的融媒体发展生态系统，不仅仅要注重硬件层面的搭建，更要做好视听内容全面深入的报道。

新冠肺炎疫情暴发后，中央广播电视总台从 2020 年 9 月 2 日 20：00 至 2020 年 9 月 7 日 20：00 播放电视新闻专题《同心战"疫"》，全景式记录了波澜壮阔、艰苦卓绝的抗疫斗争，通过对大量事实和细节的系统化梳理，展现了中国人民从磨难中奋起的巨大勇气，触发了 14 亿人民对这场抗疫大战的共同记忆、共同情感，形成了记录抗疫斗争的国家影像志，向世界真实、真诚地讲述了中国抗疫故事。节目播出后，引发了网络热议，网友纷纷转载评论："今年冬春的所见所闻、所感所悟，铭记于心，终生难忘。""现在看来，还是满满的感动，还是满满的回忆。伟大的民族，伟大的祖国，伟大的团结。"在电视端，《同心战"疫"》相关新闻宣传及节目累计观众触达人次达 6.06 亿次；新媒体平台也在不断上线碎片化产品，与观众再次形成同频互动，在总台国内新媒体端的总阅读浏览量达 2.01 亿次。其中，央视网多终端浏览量达 248 万次，微博话题"纪录片同心战'疫'"阅读量达 1.9 亿次,取得了很好的传播效果。这一电视新闻专题报道获得了 2021 年第三十一届中国新闻奖特别奖。其成功正是源于视听主流媒体运用各种智媒技术对视听新闻深层次重点挖掘,注重细节的真实性,并主动与用户进行实时互动。这种互动又进一步强化了视听新闻的影响,使新闻中的所有细节和观点都可能被不断地讨论、补充、纠正……单一记者或者媒体难以完成的新闻报道,在多元平台上得到多方面的展示,从而形成了对事件、人物及社会环境的全方位报道。

第二节 视听主流媒体新闻报道的探索

新闻报道对于视听主流媒体来说,是决定其生存与发展的重要基石。当下,面对海量信息,有思想、有温度、有品质新闻报道更显弥足珍贵,加快推动媒体融合,适应智媒体生态,各级视听主流媒体在传播渠道、形式、内容等方面做出了积极探索。

一、各级融媒体新闻中心的建立

从全国范围来看,视听主流媒体在新闻的融合不断地推进,如央视建立"融媒体编辑部",上海视听主流媒体成立了台和集团直属的融媒体中心,融合了新闻报道中心、外语中心、看看新闻网等。视听主流媒体也在不断地探索新闻变革。

2016 年江苏广电融媒体新闻中心推出官方微博和微信公众号"江苏新闻",在今日头条、企鹅号等平台也推出了"江苏新闻"的账号,在视听主流媒体总台的荔枝新闻客户端,融媒体新闻中心以江苏板块作为阵地,以新媒体矩阵的形式,发布原创为主的新闻资讯,在新媒体端同步打造有温度的新闻品牌。[①]"新湖南云"以"一端一频一厨一网"为技术引领,打造内容生产和传

---

① 李轩:《融媒体时代主流媒体的融合创新——以广电媒体总台融媒体新闻中心为例》,《视听界》,2017 年第 5 期。

播的一体化格局，同时进一步完善服务和"造血功能"[①]；湖北"长江云"以"1+N"模式为建设亮点，从技术、宣传、运营、效应等方面助力县级融媒体中心的建设和发展[②]；浙江"中国蓝云"建立起"中央厨房"业务系统，便于发挥平台统一、数据统一的原生优势[③]。

这种构建通过各种视听资源、视听平台和视听渠道、视听人员的整合，形成一种全面的优化配置，适应多元媒介视听格局的发展，满足多元用户的视听需求。多种渠道和平台的融合呈现出一种趋势，即分布式、集群化的智能系统中心的构建。

二、新闻报道新形式的探索

随着各类融媒体中心的成立，新闻报道不再局限于以往的形式。面对传播媒介多元化、受众需求多样化的形势，中央广播电视总台勇于创新，适应传媒变革新趋势，找准新闻传播新语态，其新闻新媒体中心于2019年7月19日在互联网平台推出短视频节目《主播说联播》，构建智媒时代的整体矩阵。随着媒体和节目的融合创新，新闻主播也紧跟步伐，在不同的媒体平台呈现不同的角色定位和传播语态。媒介传播形态的革新与发展、就业形势的跨平台驱动、人工智能主播的上岗，都给新闻主播带来了巨大的机遇和挑战。[④] 由此，现代新闻报道运用VR、AR等各种视听技术，凸显真实感，尤其是涉及重大事件或重大主题时，可以借助现场屏幕的数据展示，动态地呈现新闻的重点、事件的趋势，展示整体性的深入调查过程。在新闻播报中与观众互动，也促使新闻报道更受观众欢迎，其信息也得到了更有效的传播。

三、新闻报道呈现技术的探索

智媒生态下，视听主流媒体对新闻呈现的形式和效果更加精益求精，新闻

[①] 刘子瑜：《建起来 用起来 强起来——"新湖南云"省级技术平台创新发展路径观察》，《传媒》，2021年第16期。

[②] 谢茜：《省级融媒体平台建设标准蓝本的探索与实践——以湖北广电长江云移动政务融媒体平台为例》，《传媒》，2021年第6期。

[③] 励森源：《中国蓝云县级融媒技术平台建设运营实践》，《广播与电视技术》，2022年第3期。

[④] 徐利原：《智媒时代新闻报道主播角色定位多元化研究——以〈主播说联播〉为例》，河南大学硕士学位论文，2020年。

报道在技术上也获得长足发展。

（一）播报环境的优化

视听主流媒体演播室技术和条件不断改进，大屏幕造景、虚拟造景和实景综合呈现的技术手段，使得新闻报道呈现大为改观，而虚拟现实、虚拟增强现实、虚拟混合现实、三维制作等则丰富了新闻报道传播的景观呈现，使新闻信息立体化展示，提高了节目的可视效果。在天气预报、虚拟片头、内容提要和新闻场景等方面采用虚拟前景，通过三维制作的影像再现或还原新闻现场，主持人向观众传递新闻事件的来龙去脉及发展进程更加立体全面，给人以情景再现般真实的力量。[①] 这使新闻报道的视觉效果更好，给用户造成了强烈在场的体验。

（二）数据可视化报道的运用

当下数据已经成为新闻报道的有机组成部分。大数据可视化新闻报道让原本枯燥的数字信息播报变得生动、直观。新媒体融合技术革新为新闻报道中的大数据呈现播报提供了更好的工具。不同于图表或数字的简单呈现，智媒生态下，各种数据被组合，通过三维制作，形成立体化的可视化深度综合报道，给用户以清晰明确的认识。主持人播报新闻，以大屏幕为背景，配以虚拟前景，详细展示新闻报道的关键数据，这改变了传统新闻报道"口播+画面"的播报方式，充分展示了电视与新媒介技术的融合所达到的视听效果，给用户带来了最佳的视听体验。新闻报道采用数据可视化报道，降低了用户理解的难度。毕竟人们不希望在工作之余、休闲之间还要费心费力地去理解复杂的事实细节或者一连串的数据。

四、新闻报道与用户需求契合的探索

（一）分析用户观看数据，提升新闻报道的针对性

新闻报道形式的变化，得益于视听技术和互联网技术的发展，各种用户视

[①] 崔晓静：《论大数据背景下新闻报道主持形态的变化》，《今传媒》，2015年第1期。

听数据得以聚合。由此，新闻报道面对的用户"画像"发生了变化。视听新闻不再是面对单一模糊的大众，而是面对有多元视听需求的用户，对用户数据的聚合和分析，成为新闻报道播放有效性的重要前提。面对接触不同视听平台、渠道和应用的用户，视听主流媒体需要突破单一的电视屏限制，给用户提供真正需要的新闻报道。江苏"荔枝新闻"基于大数据计算的结果，在"头条"部分把近半数的巨大选题空间留给了市民文化的趣味，以满足人们在使用网络阅读新闻的过程中偏爱通俗化和娱乐化内容的需求。

从新闻价值来看，通常只有实时或接近实时的信息才能够真正吸引用户。在智媒生态下，由于信息传播更为快捷，视听新闻时效性带来的价值逐渐被无处不在的信息传播冲淡。这需要强化视听主流媒体对各种视听信息的梳理，对热点事件的提炼、深度报道和引导。简而言之，做到快、准、深，才能突显视听价值与意义。也正因此，智媒生态下新闻报道的制作重点从满足用户了解"发生了什么"的信息需求转变为满足用户对信息思想深刻、见解独到解读的需求，并满足用户从被动地在新闻之外看新闻到主动地参与新闻之中做新闻的愿望。新闻事件发生时可能没有记者在现场，但是一定有用户在场——他可能充当新闻报道源头的角色，可能是补充新闻报道细节佐证的角色，也可能是新闻报道不断扩散的推动者……视听主流媒体需要充分聚合这些视听信息，将其动态地展现出来。

（二）契合用户视听心理

视听主流媒体对视听内容的呈现必然要与用户的心理契合，才能形成观看吸引力，才谈得上产生影响力。视听主流媒体适应这一变化，需要深入分析用户的心理。对视听主流媒体而言，新闻报道已经不仅仅停留在告知的阶段，更需要担负解释和引导的角色。智媒生态下，用户更容易产生从众心理，依据"视听需求—视听认知—视听认同—视听转发"路径，更倾向于被异质性和特殊性的视听信息吸引，出现轰动效应；原有的对视听信息把关和选择依据需要基于数据而非人的判断，用户先入为主的心理倾向更容易在纷繁复杂的视听网络中影响其对不同视听信息的认同度；用户主动与他人进行分享的视听心理，使其更倾向于对视听内容进行重新编辑、主动扩散，等等，这些视听心理的变化体现出视听主流媒体新闻生产的一些新特点。

因此，智媒生态下，视听主流媒体要适时地对用户原创性视听内容进行整合、处理，确保视听内容在第一时间播放，从而大大增强视听新闻传播的有效性。

五、新闻报道移动化的探索

作为视听主流媒体在移动终端上的各种新闻端口，移动新闻客户端是典型的媒体融合产物。但能否真正达到设计的初衷，则要看实际用户的媒体触达率。随着媒体融合技术的发展，用户使用智能手机、平板电脑浏览新闻成为常态，与内容丰富多彩、传播快捷的掌上自媒体信息相比，视听主流媒体仍然面临着新闻用户流失的问题。今日头条的成功之处在于巧妙地将各个媒体中的新闻报道进行了算法分析、聚合，为用户提供了一个清晰的新闻指向：按照热度排列推荐给用户。视听主流媒体有内容优势，要发挥主导作用，形成自己的内容热点，还需借鉴今日头条的做法，嵌入自身视听内容的运营过程，做"原创视听新闻报道+优质的算法平台"，真正思考如何适应用户移动"掌媒"的技术特点和使用习惯，做好移动新闻。

移动视听新闻报道是以比特的形式实现个性化快速传播，播放形式多样化，并且可以进行互动和编辑。移动互联网技术的开放性，一方面降低内容生产和传播的门槛，允许更加多元的主体参与信息传播活动，加深了人们对"新闻"和"媒体"的理解；另一方面，鼓励和保障用户在网络之中的流动和迁移，使用户的忠诚度急剧下降。

有研究者认为，"一个成功的地方性新闻端口，要持续提供全面的新闻热点，与此同时还得保持地方特色。所以不但要尽可能提供更多的热点新闻，同时又在编辑手段上下足功夫，才有较大概率争夺到用户流"[①]。移动端口与自媒体相链接，引入了海量且内容质量驳杂不一的视频新闻，相对而言传统视听主流媒体的新闻内容有限；从新闻传播的持续性来看，移动视频新闻传播扩散并不止于接收的用户，而是不断地承载新的信息、新的细节，仍然处于动态的发展中；从传播的方式看，移动端碎片化的信息替代电视端线性排列的信息，

---

① 张婧妍、李宁：《"端口"争夺时代地方主流媒体的新闻生产——以"荔枝新闻"为个案》，《新闻界》，2018年第4期。

作为节点传播的视听源之一，它会沿着不同节点的强关系和弱关系连续不断地发生变动。

当下，移动新闻客户端已经成为视听主流媒体的标配，是重大主题宣传报道的主要平台，是视听主流媒体实施"智慧广电"的重要载体。当下，移动新闻客户端已成为视听主流媒体的标配，是重大主题宣传报道的主要平台，是视听主流媒体实施"智慧广电"的重要载体。各级广电媒体坚持"移动优先"，着力打造以自有移动客户端为核心的全媒体传播矩阵，重点是集中力量做强自主可控新型视听传播平台。①

六、视听新闻融合平台端口的探索

视听主流媒体从技术层面和内容层面，发挥融合平台分散式智能中心系统的优势，合理调配各种视听资源，无缝隙覆盖所有用户群体，满足用户在不同场景下的视听需求，尝试视听新闻融合平台端口的探索。

视听主流媒体的多平台融合有利于打造多视听内容和服务的综合平台，在创新自身微信、微博、新闻客户端等新媒体平台的同时，也与视听主流平台一起发力，促成最佳视听内容服务生态的融合平台。

智媒生态下，视听主流媒体内容传播更看重速度、内容点击量和话题性，而原本构成传统视听主流媒体重要类型的宣传类硬新闻遇到了挑战，"其不言自明的合法性和文化趣味上的精英主义，已经不能顺理成章地成为其获得足够市场回馈的保障。""新闻平台端口提供了用户接触视听内容的入口。"② 在此情境下，视听主流媒体通过打造符合视听新闻报道和用户视听习惯的专业视听新闻端口，从而吸引和影响用户。对视听主流媒体而言，专业性新闻端口有以下特征：其一，新闻端口要有兼容性。视听主流媒体新闻端口的兼容性越好，用户越倾向于使用，可以在不同的新闻平台间无障碍切换，那么必然提高媒体触达率。其二，新闻端口要有筛选性。新闻端口并不仅仅是用户接触新闻的入口，还具有针对用户行为和新闻热度的算法设置，从而对视听用户和视听内容

---

① 国家广电智库：《广电新型主流媒体建设的进展与成效》，http://jsgd.jiangsu.gov.cn/art/2022/6/16/art_69985_10495945.html。

② 张婧妍、李宁：《"端口"争夺时代地方主流媒体的新闻生产——以"荔枝新闻"为个案》，《新闻界》，2018年第4期。

都有的放矢，提高新闻的有效性。其三，新闻端口要有引导性。"融合性新闻端口把报道者变成了筛选者，呈现出从业者高度编辑化的现象。"① 视听主流媒体既要从成功的新闻平台端口学习经验，又要发挥自身的内容优势，不仅聚合各种视听新闻，呈现热点新闻，还要做有深度分析的引导，引领用户观看、理解各类视听新闻，特别是热点新闻，形成不同的专业化新闻端口。在融合平台端口的探索中，具有相当示范性的模式是：广电媒体推进与自有平台的双屏联动，将广电机构的内容资源、创作生产优势输送至自有移动客户端，实现电视与移动平台的双向引流支撑，推动市场化运作反哺全媒体经营。②

第三节 数据可视化新闻报道的发展③

一、数据新闻与数据可视化新闻发展

（一）数据新闻的发展

就新闻报道的发展来看，20世纪30年代的解释性报道注重挖掘并运用背景材料对新闻事实进行阐释，用事实说话，人们从记者对事实的深入挖掘报道中获得事件的真相，通过记者的讲述了解事实细节，但是新闻报道中不可避免地带有记者主观性认知与判断，包括记者的思想、感情、立场、观点等。

60年代初，新新闻主义报道和调查报道两种截然不同的报道形式同时出现，新新闻主义擅长用文学创作的手法对报道内容进行渲染，作为20世纪实务新闻最激进的一种报道形式，虽然丰富了新闻写作的视角，却彻底抛弃了对新闻报道客观性的追求；调查性报道则是面对暗杀、冲突、示威、战争、犯罪

---

① 张婧妍、李宁：《"端口"争夺时代地方主流媒体的新闻生产——以"荔枝新闻"为个案》，《新闻界》，2018年第4期。
② 国家广电智库：《广电新型主流媒体建设的进展与成效》，http://jsgd.jiangsu.gov.cn/art/2022/6/16/art_69835_10495945.html。
③ 本部分内容曾以《数据可视化报道：主流媒体"大数据"突破途径》为题，发表于《中国记者》2017年第1期，此次出版时有修改。

等社会阴暗面，强调从多个方面来搜集证据，以达到对事实最大限度的还原，无形中提高了新闻报道对于数据和证据的双重要求。

60年代后期发展起来的精确新闻，倡导运用社会科学方法进行新闻报道，通过新闻报道向公众提供研究结果或来自政府、私营机构及大学的统计报告和统计数字，使新闻采访和报道更加科学化。1967年，底特律市黑人暴动骚乱蔓延，记者菲利普·迈耶在计算机的辅助下，对437位黑人的抽样访问调查结果进行了分析，在此基础上写出了系列报道《十二街那边的人们》，并于1968年获得了普利策新闻奖，这是精确新闻报道的开端。随后这种报道形式逐渐在世界各国的新闻界得到认可并推广。1973年，菲利普·迈耶在著作《精确新闻学：一个记者关于社会科学方法的介绍》中，正式把精确新闻学定义为将社会科学和行为科学的研究方法应用于实践新闻的报道。

精确新闻主要采用定量的方法，用社会调查的统计数字报告进行报道，丰富了新闻报道中原有的定性的方法，用数字说明事实的关键所在，增加了新闻报道的客观性和有效性。之后，相关实践和研究对数据在新闻报道中的作用予以高度关注，解释性报道、调查性报道、精确新闻成为新闻报道的主要形式，逐渐影响到广播媒体和电视媒体，电视媒体中视听节目将统计数字运用于报道中更为常见。但这种报道形式是对统计结果的静态呈现，受限于媒介技术和平台的条件，数据的来源、数据的目的性、典型性等未能得到充分展示，人们只能被动地假定这些统计数字和报告是真实有效的、过程是科学的，但用户对这一过程仍然是盲目不知的。

（二）数据可视化报道的发展

随着媒体融合的推进，新的视听媒体技术被广泛使用，新闻的用户不再是模糊的社会大众，而是有着精准视听需求的用户。"大数据时代下的商业、经济及其他领域的决策将基于数据和分析而做出，不再依赖经验和直觉"[1]，大数据为视听主流媒体的新闻提供了新的依据和形式，"新闻生产过程中的信息

---

[1] Nathan Yau：《鲜活的数据：数据可视化指南》，向怡宁译，人民邮电出版社，2012年版，第35页。

资源，即新闻中的事实、要素、背景等信息，其来源将发生结构性变化"①。当下，数据可视化新闻报道成为视听主流媒体一种重要的报道形式和手段。

二、报道的数据可视化思维

在国内，许多媒体做过数据新闻，但通常停留在静态的"图片＋文字"形式上，或是用有限的数据来讲述一件事情（或意义）。这实质上是数字报道（Digital Report），而不是数据报道（Data Report），更非数字可视化报道。因此，这些媒体虽然有了数据的意识，但既缺少整体性数字信息聚合的分析，又缺少对数据扩展聚合的深入分析，也缺少对数据链关系的形象展示。真正的数据新闻"是一种工作流程，包括下述基本步骤：通过反复抓取、筛选和重组来深度挖掘数据，聚焦专门信息以过滤数据，可视化地呈现数据并合成新闻故事"②。

主流媒体报道不应对这些数字信息任意截取，这就失去了其价值，而应从宏观与中观层面把握数据所体现的事实和真相。这就需要从业者对数据具有敏感度，要有共时性和历时性的数据聚合思维，将特定事件的报道置于大数据中。"互联网＋"背景下，视听主流媒体的新闻编辑室与新闻现场越来越近，它们的界限逐渐被打破，这正是数据发挥了巨大作用，进而视听主流媒体可以对社会某一方面的趋势、动态和结构性进行准确报道。

因此，数据可视化思维应落脚于数字信息的聚合。这不是简单地将类似事件罗列，更不是数字展示，而是从数据聚合中发掘其新价值。如关于某地青菜价格上涨的数据可视化报道，惯常的思维方式是将历年的菜价做成数据图表，或是加上菜价上涨后的影响等，而大数据思维不止于此：一种方式是它可以将本地、国内、国际等实时菜价及波动趋向聚合，让用户了解菜价波动的趋向和原因；另一种方式则是将菜价上涨与人们外出就餐频次、发生的卫生纠纷等联系起来，说明两者的关联等。简言之，大数据思维关注的是数据所体现出的"关系链接"，而不是单纯的事件报道。在数据可视化报道思维中，单一的数字是没有意义的，将不同数字信息聚合、链接，并进行有效且合理的可视化呈现

---

① 彭兰：《大数据时代新闻信息资源的结构性变化及其影响》，《中国广播电视学刊》，2013 年第 7 期。
② 方洁、颜东：《全球视野下的"数据新闻"：理念与实践》，《国际新闻界》，2013 年第 6 期。

才是关键。

三、多媒体数据聚合的数字可视化报道形式

以《卫报》《纽约时报》等数据可视化报道的方法为参照，多媒体数据聚合的具体步骤如下：①在不同网络终端上制定新闻报道的主题；②围绕主题进行相关数字信息的收集；③进行用户多元数据偏好的聚合；④聚合数据可视化的多媒体终端展示；⑤与用户互动，完善数据可视化报道。多媒体数据聚合不同于传统报道的数字主观组合呈现，改变了以往基于媒体的单一数据展示，基于事件的多元数据聚合，呈现适合用户信息偏好的数据可视化报道。简言之，多元信息数据聚合的可视化媒体报道可以适应多元信息数据偏好的用户个性化需求。

这种多元数据聚合不是随意的组合，而是适应用户的多媒体接收端的聚合呈现。多媒体的核心在于，"互联网+"构架起来的平台或渠道整合带来了内容呈现的多元可能，由此单一报道形式不可能满足用户的多元化需求。在不同平台上的碎片化报道，可以整体上形成完整的信息聚合。就报道产生的影响而言，用户的媒体触达是前提，而不同平台提供了不同媒体触达的可能，不同的媒体又有着不同的内容偏向——正如伊尼斯所说，不同媒体会有着不同内容的传播偏好。"主流媒体"不再是诸如电视、广播、党报等界限明确的单一媒体称谓，而是多种媒体技术的综合呈现，从而得以在固定端的网站、电视、广播、党报和移动端的官方微博、官方微信公众号、官方新闻客户端等同时呈现相关视听内容。这并非"一菜多吃的不同版本呈现"，而是"与多菜聚合的自助盛宴"。作为一种常态的新闻报道方式，关键在于"能否基于读者的不同地域和兴趣图谱，来进行个性化推荐和新闻定制，以及对未来趋势的预测性报道三个方面"[①]。数字传播的关键是在报道的起始阶段就要考虑事件（人物）背后的数据链条，以及与其他事件（人物）的关系链条。孤立的报道事件不能适应大数据时代的需要，主流媒体需要用数据链条与关系链条来支撑报道的内容，并用可视化的报道形式呈现出来。

---

① 喻国明：《从精确新闻到大数据新闻——关于大数据新闻的前世今生》，《青年记者》，2014年第36期。

四、基于 GIS 的数据可视化报道呈现

基于 GIS（地理信息系统）进行数据收集、分析、聚合，形成数据可视化，实现用户的精准投放。真正的好新闻是价值与实施的结合。要做好数据报道，不仅需要找到有价值的数字信息，更需要让这些数字信息传播出去，将多元化数字信息进行聚合。可视化编辑软件的加工，使每条数字信息、数据与数据之间的关系、数据体现出的发展趋向等都变得形象化。用户可以通过不同终端的阅读、点击和浏览，获得所需信息，或是给用户提供获得信息的途径。

从大数据思维到大数据内容链条的聚合，新闻报道由媒体专业人员的把关转为大数据的多元呈现。由于专业人员自身的观点和立场，99%的信息可能被排除在报道范畴外，怀特对此曾十分惊叹和惋惜。在大数据时代，信息的有效性和价值不再局限于少数人那里，丰富多样的内容都能够得以展现，有效利用、挖掘海量数据能获得意想不到的价值。数据可视化新闻报道就是要为用户筛选并展现数据聚合关键的部分，尽可能多地找寻正确的信息和合适的采访对象，然后将数据信息与用户的特定场景需求匹配，完成基于 GIS 的数据可视化报道。

正是基于 GIS，数据可视化报道将用户的数据信息需求与所在的具体场景进行了匹配，主流媒体对丰富多元化数字信息进行聚合，精准度更高。通过投送不同数据到有需求的用户那里，主流媒体可以降低用户超负荷信息和过多数据的压力。基于 GIS 的数据可视化报道将冷冰冰的数据及信息赋予了人文气息，以丰富的设计语言和交互方式进行表达，清晰、高效地传递给用户。

五、适应移动互联的数据可视化报道

移动互联已经成为媒体技术发展的大趋势，无处不在的"互联网+"终端，使人们更能充分利用碎片化时间获取信息。尤其移动互联网应用本身就充满了创新，它为主流媒体提供了多种可能，得以将碎片化而又多元化的信息流聚合，实现向影响流的转变，将好的内容与想法相结合，以可视化的数据展示，形成优秀的数据可视化产品。VR、AR 等将报道的逼真度推向新的高度，也将用户对数据可视化的需求变得更为迫切。"移动互联"的各种终端对信息表现形式有着不同的需求，单一形式的报道或者静态的报道都很难吸引用户去

浏览、关注新闻。

新冠肺炎疫情期间，丁香园在微信、微博和移动端同步上线了新型冠状病毒肺炎疫情实时动态平台小程序，这是我国首批上线的、不断实时更新的即时信息平台，数据源为各地的卫健委通报或部分权威媒体报道。点开小程序，在外观设计上，平台首页通过绿色、橙色、红色、灰色等颜色区分出累计治愈、现存确诊、累计确诊和累计死亡的病例数；在国内疫情地图上，平台通过各省地图板块的颜色深浅，区别出疫情的严重程度；在国内疫情趋势上，平台用折线图显示出疫情的动态变化和整体走势。在小程序内部，除了疫情地图和实时播报，平台还设有辟谣与防护、疾病知识等板块，用户可以根据自己的需求自由地选择了解哪一部分的信息。这样的一个集数据通报、知识科普于一体的数据新闻小程序，不仅满足了读者了解信息的基本需求，而且以读者为中心，把选择权让渡给读者，根据读者的需求定制个性化服务，体现了极大的个性化和人文性。①

数据可视化重在多层面的展示，而不是说教。主流媒体适应移动互联发展趋向，就需要简洁性、直观性、数据可视化来展示。好的设计是简洁的，会使用户对数据的呈现产生好感。如果过于注重形式而忽视信息的表达，那么就会生成"图表垃圾"。不要让烦琐的修饰掩盖了大数据其本身的价值。大数据要保持简洁，颜色协调，过程清晰，文字有效。

数据可视化报道更具有互动性和参与性。目前主流媒体的数据呈现还大多停留在统计图的层面，一般是主持人静态化的播报或图表报道，无法满足用户主动参与信息获取的需求。相对那些传统的统计图式报道，数据可视化报道在不同的终端上展示，会同时存在不同的进入界面，这就需要适应不同界面的数据化报道。更为重要的是，用户可以在不同终端界面上进行数据交流和纠正，使报道更趋完善。"互联网+"背景下，视听主流媒体数据报道的影响力来源于用户信任度，数据可视化报道将用户吸引到不同的入口，参与数据可视化报道过程中，这正是"互联网+"的本质：分享、参与。数据可视化报道体现了报业转型所具有的多元、延展、分化、专业、集聚、精细的特征，实现了主流

---

① 案例分析参见唐雅婷：《数据新闻的人文关怀——对疫情期间的数据新闻可视化报道的思考》，《科技传播》，2021年第6期。

媒体的平台再造、范式转换、重心下移、专业精耕等转变。①

数据可视化报道更具美感。它满足了人们读图时代的视听需求，色彩丰富、表现简洁、点击便捷的报道也更符合用户择选报道阅读的动机。但数据报道通常是众多数据的展示，略显枯燥。这就需要将传统的统计图方法变得更具色彩、更丰富，针对不同的数据报道内容，选择最佳的"信息＋数据＋方式"组合，如饼图般通俗易懂、直观明了，点状分布图、直方图、示意图则有较广的适用范围，等等。大数据就是灵活利用各类软件，使原本单调、冗杂的信息变得易懂，数据可视化的魅力就在于此。

总之，视听主流媒体应对媒介对新闻变化的影响，需要考虑两点："第一，新闻有助于构建一个情感的共同体。第二，新闻有助于建构一种公共的交谈。"② 从根本上讲，视听主流媒体需要从具体的媒体融合语境出发，运用新媒介视听技术手段，满足用户对新闻报道的视听需求。

---

① 陈国权：《报业转型新战略》，新华出版社，2014年版，第9页。
② 迈克尔·舒德森：《新闻社会学》，徐桂权译，华夏出版社，2010年版，第32页。

第六章 视听主流媒体的节目创新

智媒生态下,娱乐节目是视听传播的重要内容之一,满足了人们的休闲视听需求,各类娱乐内容也是人们对某一视听主流媒体认知和评价的重要依据。同时,网络直播的发展也为视听主流媒体的节目创新注入新的活力,成为各个新媒体平台交流互动的热点。本章主要探讨智媒生态下新综艺视听思维和网络直播对视听主流媒体节目发展的影响。

第一节 新综艺视听思维的融入发展

学者胡智锋认为,传统综艺更多是以选秀为特点,近年来电视综艺被融入一些文化类元素和内容,形成了中国特色的新综艺。[①] 智媒生态下,视听主流媒体融合新综艺视听思维,契合多种平台及视听技术,从以下几方面入手,促使综艺类视听内容获得新的内涵和发展。

一、提高综艺类视听内容的媒体触达率

媒体触达率是指用户接触某一媒体的可能和频率,主要包括两层递进内容:一是媒体能够被用户接触的条件,二是用户对媒体采取触达的行为。用户对视听媒体接触习惯的养成,是入口之争。智媒生态下视听主流媒体提高综艺类视听内容的媒体触达率可从以下几点入手。

---

① 参见胡智锋:《新环境下中国电视的发展与创新空间》,《新闻与写作》,2018 年第 3 期。

（一）构建视听场景

视听主流媒体运用5G带动超高清视频的发展，融合4K/8K、AI、VR等技术打造新视听场景，聚合人气。通过有影响力的事件或人物打造聚人气的视听场景。学者胡正荣指出："Web3.0是场景细分时代，以场景、细分和垂直、个性化服务为特征"，"需要以用户为中心（UC），以位置为基准（LBS），以服务为价值（VA）"。[①] 综艺类节目提供了一个特定的节目场景，以明星等真人入戏，又不似正规剧目那么台词严谨，随着演员的位置移动和场景移动，带动将用户带入诸如真人秀等一类的节目，用户获得一种参与感。

视听主流媒体通过特定场景的设定，借用虚拟场景人设渲染了节目的视听效果，如河南台的《唐宫夜宴》中人物场景的设计展示，生产并维持一种逼真的视觉效果，使之脱离周围真实的世界，又以实际为衬托，清清楚楚地塑造这个幻境的形态，使之与情感形式和生活形式巧合。这种"巧合"借助于新媒介平台得以释放，并不断沿着互联网与人际关系网络扩散，名气很容易变成话题，话题便带来了流量，流量变成了价值导向。视听主流媒体构建起新颖多样的视听场景，带动人们尤其是年轻群体对中华优秀传统文化的寻根热潮。

（二）多端口触发长尾效应

视听主流媒体通过搭建多端口，激活用户媒体触达，延伸视听长尾价值。视听主流媒体塑造用户媒介接触习惯。电视对于用户的吸引力在下降，这并不是说电视被淘汰，而是电视机可能要被淘汰，或者说原有的电视观看形式要发生改变——高清晰度投影可以让人们在任何场景中观看视听节目。智媒生态下，媒体触达率并非仅指对电视媒体的观看（开机率），而是指围绕视听主流媒体所有平台对该媒体的接触率。无论是娱乐休闲，还是获取资讯信息，用户都对特定的媒体具有依赖性——这里的媒体是具体的，如江苏卫视、中央综合频道等，这些媒体在微信端、微博端、新闻客户端、视频号等平台拥有专门的公众号或网络电视，用户对这些端口或网络电视的接触，也是该媒体触达率的范畴。

[①] 胡正荣：《移动互联时代传统媒体的融合战略》，《传媒评论》，2015年第4期。

充分利用视听主流媒体的权威性和公信力，延伸视听内容的长尾效应，采用"粉丝经济+实用优惠+流量变现"形成多平台联动，提升用户的媒体触达率。河南台"重阳奇妙游"的成功，除了节目的感染力，围绕节目形成的不同粉丝圈子的互动也发挥了重要作用，在为媒体开辟了新的盈利渠道——流量变现带来收益的同时，视听节目创新也在多端口触发年轻群体对东方美学、中国传统文化的关注和讨论，持续引发长尾效应。

（三）增强移动人性化

视听主流媒体应适应用户的媒介使用习惯，做到多平台切换无障碍、使用体验人性化。智媒生态下，新的多媒体形态强交互性和多平台性，凸显个性化传播和非线性传播，这样的视听传播不是独占性的，而是分享性的。对目前用户的调查显示，用户大多采用移动终端平台进行视听内容的收看，尤其是手机端。

2022年4月25日，广电总局发布《2021年全国广播电视行业统计公报》。公报显示，全国有线电视网络整合与广电5G建设一体化加快发展，全国有线电视实际用户数2.04亿，同比下降1.45%，高清和超高清用户1.09亿，智能终端用户3325万，同比增长11.39%。有线电视双向数字实际用户数9701万，同比增长1.57%，高清超高清视频点播用户9992万，占点播用户的比例达到95.3%，短视频上传用户超过7亿。[①] 从2017—2021年趋势可见，传统电视收视功能在发生巨大的变化，电视机已经不是人们的首选，交互式网络电视IPTV、网络视听等业务快速发展，用户收视习惯发生了变化，移动终端、电脑页面是网络视听节目观看的主要途径。用户的主动性、多屏互动性等已经成为常态，而新技术的运用进一步推动了视听主流媒体的主动变革。2021年获得上线备案号重点网络电影688部、网络剧232部、网络动画片199部、网络纪录片19部，推出《百炼成钢：中国共产党的100年》《约定》《黄文秀》《在希望的田野上》《奇遇三星堆》《中国减贫：史无前例的人类奇迹》等网络视听

---

① 数据来源参见广电总局发布《2021年全国广播电视行业统计公报》，http://www.nrta.gov.cn/art/2022/4/25/art_113_60195.html。

作品，让优秀作品在网络新媒体平台多屏共振。[①]

随着移动端成为人们获取视听内容的主要方式，视听主流媒体应积极引入智媒技术，摒弃传统视听思维，主动优化视听流程，产生积极变化。视听主流媒体不能仅为大屏的电视机接收端做内容，而应该从"草根"选择到顶层设计综合考虑融合移动平台的联动，提供多元化视听平台和渠道，促发用户的媒体触达动机，使其形成良好的媒体接触习惯，包括大小屏频道设定、节目菜单设计、视听内容交互及个性化视听内容推荐，都应以用户的兴趣、习惯及搜索的便捷性为前提，增强移动传播的人性化。

（四）丰富视听数据联动

以往电视机是唯一接收主流媒体视听内容的媒介，因此仅从电视机这一端的监控就可以了解用户的收视率数据。但是智媒生态下，视听内容传播的平台和渠道不是唯一的，电视机平台的收视率很难完整地体现出用户对视听主流媒体的实际接触率。这就需要监测所有平台的数据，分门别类地进行分析，或者综合测评。随着多种视听媒体平台的出现，更多的用户迁移到移动端来接收各种信息，媒体触达率的数据获取更趋向于多种平台数据的综合考量。

视听主流媒体平台数据的联动，增加了对用户推送内容的精准性。有了多种平台的数据，还要将这些数据融合起来，实现平台数据的联动。目前，一些视听主流媒体要求将视听内容做成不同版本，在不同的媒介平台上呈现，以此作为考核奖惩的硬性指标，但也只是鼓励呈现，不能保证是否有用户去观看——只重视内容呈现，不关注效果数据，或者这部分数据仅仅作为一个参考，这就失去了实际考察的意义。

智媒生态下，为了更好地显示不同平台版本的收视效果差异，可以对不同平台上的数据进行单独比对。对于视听主流媒体而言，各个平台上的数据不仅是考核指标，还是探索不同平台联动的有效凭借，微信公众号、微博、新闻客户端、网站和第三方平台，以及电视屏播放数据等共同组成了一个较为完整的综艺类节目"数据画像"。

---

① 数据来源参见广电总局发布《2021年全国广播电视行业统计公报》，http://www.nrta.gov.cn/art/2022/4/25/art_113_60195.html。

二、提高视听媒体话题率

视听媒体话题率是指由综艺类节目所引发的用户对某一视听主流媒体交流讨论的话题种类数和频繁度。提高视听媒体话题率具有以下作用。

其一，以话题促成与视听主流媒体的互动。在智媒生态下，视听主流媒体以视听节目、视听信息为基础提供丰富的话题，引发用户在多种平台中的讨论，从而成为人们日常获取信息、进行娱乐的主要媒体平台和渠道。智媒生态下，无社交不传播，媒介成为人们实时沟通的工具，成为人们获取资讯、休闲娱乐的伴随性行为。视听主流媒体婚恋类真人秀节目《非诚勿扰》的成功很大程度上得益于多媒介平台。用户可以进行相关话题的讨论，话题讨论越热络，节目的收视率越高。

其二，以话题促成用户间的社交行为。视听主流媒体不仅要播放视听内容，更要为用户间的互动提供多元化适宜的话题，满足人们的社交需求。"作为承载人际交流的工具，社交媒体为人际传播提供的不仅有传播交流的中介，还有建构不同群体间关系必不可少的话题。"[①] 不能将思维停留在电视机或其他某一平台上的单次播放，而是应该通过视听内容的多次播放、片段播放、花絮播放等增加用户多种接触种类和形式，如《唐宫夜宴》视频在微博上累积观看5000万人次，抖音相关话题播放量超过2亿次。《声临其境》节目在社交媒体上的播放量超过了电视大屏。

其三，以多元话题的呈现引导用户需求。智媒生态下，视听信息传播更为个性化，由视听内容引发的不同个体、群体等互动更为频繁，作为交流中介的媒体平台本身没有新闻发布权，而众多依托其上的自媒体也没有，于是，其内容往往是以观点带信息的形式发布，话题性十足。要敏锐地从用户的讨论中寻找到有价值的话题、热点话题等，满足用户的社交话题的需求。因此，除了体现主流文化价值及主流文化判断的话题，还有其他亚文化价值和亚文化判断的话题。在传统媒体环境下，这些话题由于视听平台的有限性，通常被边缘化而无法呈现，在当下却得到了释放。视听主流媒体需要对不同话题进行有意识的呈现，以充实社会主流价值、主流文化的内涵，发挥引导力。

---

① 胡沈明、戴婧怡：《媒体变迁之路：功能的弱化和意义的消解》，《现代视听》，2018年第3期。

其四，以正当性话题引导触发用户共鸣。视听主流媒体要避免搞噱头，避免伤害自身权威性。智媒生态下，由于媒介多样、媒介内容丰盈，用户的视听注意力成为稀缺资源。为了博取眼球，有的媒体故意做噱头、搞花边新闻，而失去了有价值的话题讨论，在短时间内可以引起轰动效应，却损害了媒体的形象，甚至是媒体的公信力。话题的多元化不代表什么内容都可以成为讨论的话题，而是应进行有效筛选。总体而言，智媒生态下，视听主流媒体需要重点关注以下内容，形成有力的话题引导：一是视听内容中细节的讨论，二是视听内容中不实内容的辟谣等。

尤其是在娱乐类节目的话题引导中，更需把握分寸。娱乐类节目从来不缺乏话题，但作为视听主流媒体，需要对这些话题进行积极的引导。比如，婚恋类真人秀节目《非诚勿扰》中，话题从来都是重要的支撑点。恋爱中要不要改变对方？女朋友和好兄弟该如何相处？遇到另一半恐婚怎么办？有过婚史该以什么心态去面对婚姻？不被父母祝福的婚姻是不幸福的？……《非诚勿扰》承载了众多的社会话题，正是其能在同类节目中脱颖而出的秘诀。作为一档生活类真人秀节目，《非诚勿扰》使得社会中的各种婚恋观在节目中不断地冲突、碰撞，无论是参加相亲的青年男女，还是特邀点评的嘉宾，都在现场对婚恋观话题进行讨论。该节目还靠人物关系的变化来产生一些新的话题，从而引起不同群体的共鸣。其充分利用智媒生态下的多媒体融合平台，从频率到节目适应分众化、差异化传播趋势。

其五，视听主流媒体明确话题分类，发挥情感的作用。话题的分类基于用户对节目认知和了解的过程。综艺类视听节目不同于新闻类节目，后者有着明确的新闻指向，满足人们对特定事件的了解的视听需求；前者则更多具有明确的情感指向，满足人们对社会情感的共鸣和宣泄的视听需求。人们观看《非诚勿扰》或《声临其境》等不是期望从节目中获得重要的新闻资讯，而是对节目所反映的人情冷暖及才情才艺感兴趣，由此引发的话题更具情感性。情感是人性的必要条件，有时甚至是比缜密的逻辑更加可靠的判断人性的指针。"观众打开电视看什么，有时候并不是看信息，而是看一种情绪，有情绪的人观众才愿意看。发怒的人，搞笑的人，随便什么情绪，只要是有情绪就能吸引人。"[①]

---

① 冷淞：《融媒体影响下的视频节目创新与营销传播》，《视听界》，2017年第5期。

因此，过于严肃反而显得有些做作，降低了人们与节目的共情。

进一步而言，综艺类视听节目更多地通过现场的话题来引发人们对于爱情观、婚姻观、家庭观、金钱观等的讨论，节目目标虽然明确，但话题是多元的。通常围绕着现场嘉宾的表现在不同平台、不同用户中形成热点话题。对于视听主流媒体而言，重要的问题在于如何将这些话题进行有效分类和整合，从中选出更有价值、更有热度的话题，设置不同的话题标签，以便引发用户的讨论交流，提高媒体话题率。

通过场景的人设，主持人和嘉宾、相亲人员现场交流，从情感的角度打动用户，而视听节目不再是转瞬即逝的一次性播放，可以借助各种新媒介技术进行整体或片段的录制，或反复播放，或可以由不同的传播主体在各种媒介平台上进行传播，如河南台"中国节日"系列节目在B站、抖音上播放引起"国潮"话题讨论热度。如此可以更好地促使人们社交的需求，满足人们的情感交流。

三、扩展视听主流媒体影响力

首先，视听主流媒体以动态化形式扩展影响力。在综艺类视听节目中，作为媒体触达率和话题率的延伸，视听主流媒体对社会意识、个体认知、社会行为、群体行为等的影响力，不是一个静态的结果，而是一种潜移默化的动态过程。它通常来自视听主流媒体在节目中对综艺类视听内容话题的有效提炼、有效传播和扩散。如天津卫视的《爱情保卫战》中对亲情、爱情等的情感指导和恋爱忠告，体现出当下社会面临的多元价值的碰撞带来的冲击；湖南卫视的《我是歌手》将音乐的魅力展示得淋漓尽致，让观众享受声乐带来的美感，体现了节目对社会主流文化价值的引领作用；河南台的"中国节日"系列将中国历史、文化与技术相融合，激发人们情感和文化上的共鸣；央视的《挑战不可能》，是以人类自身为对象的探索之旅，开掘人类生命潜能，是对平凡生命超越自我的礼赞。综艺类视听节目的影响力是在潜移默化中，用一种为人所乐于接受的方式，改变他人的思想和行动的能力。视听主流媒体构建并扩展了自身的影响力，使个体、媒体、社会之间建立起密切的关系，"是一种独特的力量，它不像智力，能用数字清楚地衡量，高低立见分晓；它不像权力能对别人下达强制性命令,得令者不得不去执行。影响力是无形的,却拥有改变一切的力量"①。

其次,视听主流媒体契合特定视听需求扩展影响力。视听主流媒体影响力的产生源于在特定的社会中以特定的功能满足了特定用户的需求,因此,提升影响力与满足用户视听需求密切相关,即媒介本身功能适合用户媒介需求,媒介提供的视听内容契合用户的视听需求。(如图6-1所示)

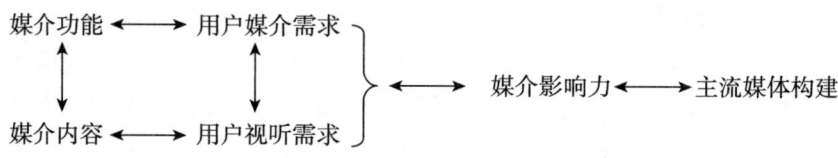

图6-1 媒介功能、内容与用户视听需求契合

(1)媒介功能的适合度。过去,视听主流媒体常在电视、广播等固定端播放,缺乏灵活性,人们不可能总是端坐在家里观看或收听,而且视听主流媒体参与度相对较低,用户被称为"沙发土豆"。因此,视听主流媒体需要转型,适应用户的移动交互的媒介需求。

智媒生态下,综艺类视听节目已经突破原有的录播观看的限制,嵌入了数字互联互动的基因,打破了视听媒介间的技术界限、功能界限,将节目在多个平台上播放、扩散。视听主流媒体运用融合思维,将综艺类视听节目包装成适合移动观看、固定观看等不同场景下的视听形式,无论是长视频、短视频,还是微博、微信等,触发媒介功能联动,这种融合具有互补性,满足了用户特定的视听需求。

(2)媒介内容的契合度。智媒生态下,视听主流媒体在不同的屏端有着自己的平台渠道,综艺类视听节目在不同平台上进行内容聚合与播放,用户面对多个屏端所看到的综艺类视听内容有所区别。电视、广播、网络、手机需要适合用户不同场景下的视听内容需求,比如电视适合家庭空间的播放,广播适合伴随性的内容播放,网站适合电脑端的内容播放,手机适合移动端的内容播放。视听内容对用户视听需求的满足程度,直接影响着用户使用媒体平台的最终效果。在这个过程中,智能移动端的发展,无线网络的普及,微传感器和微

---

① 弓璇:《影响力》,上海科学普及出版社,2012年版,第1页。

处理器的嵌入性等，使得人们可以在碎片化的时间里收视收听不同的视听内容。综艺类视听节目可以被片段化、二次编辑，形成新的视听内容，以适应诸多平台的技术要求和用户的视听需求。无论是在哔哩哔哩网站，还是在抖音、快手平台，或是微信视频号、微博上，都可以看到此类视频内容。智媒生态下，视听主流媒体提升媒介内容的契合度，还需要适应用户"搜"内容的需要，从视频的标题、描述、封面、标签等入手，在不同平台上将这些个性化编辑、多形式呈现的视听内容与用户的搜索关键词进行匹配，即提升不同平台视听内容的关键词匹配度，以智能推荐提升用户搜索效率，契合度越高搜索到的概率越大，从而提升媒介内容与用户的视听需求契合的概率，解决用户的视听痛点。

同时，媒介内容契合度还应从具体平台与用户分析入手，如抖音平台碎片化的视听内容契合用户情绪宣泄的视听需求，逻辑性相对弱一些，但戏剧性情绪表现更强一些；B站标签化的视听内容契合用户自助餐式的视听需求，所以需要契合用户多元化但指向相对明确的视听需求等。因此，实现媒介内容的契合度需要从共性（如关键词匹配度）和个性（如平台区分度等）入手，从不同细节维度扩展视听主流媒体的影响力。

智媒生态下，视听主流媒体通过提升综艺类视听节目的话题深度、视听内容的贴近性，来提高影响力。从视听需求的角度看，当人们置身于越来越复杂的社会之中，综艺类视听节目一定程度上会成为用户理解社会、认识社会，产生情感共鸣和宣泄的重要内容，帮助人们放松心情、减轻压力，实现精神上的满足和提升。当通过媒介来理解社会时，媒介也同时塑造了人们的期望甚至精神，体现了综艺类视听内容的价值内核与用户视听需求的契合。

最后，视听主流媒体以行动力扩展影响力。智媒生态下，视听主流媒体不仅要"屏"上谈兵，还要有行动力，将之作为视听主流媒体扩展综艺类视听节目影响力的重要指标之一，即视听主流媒体在多元化视听格局中将潜在的影响力转化为现实的影响力。

一方面，用行动来实现话题。视听主流媒体主动参与社会事件中，用行动来实现话题，激发人们对媒体的信任度。《非诚勿扰》节目并不只是一场相亲表演，而是促成了很多青年男女成功组建家庭，同时让人们看到不同观点的交锋，对社会各种不良的婚恋观念进行了讨论，使人们逐渐形成了健康的婚恋观。《中国诗词大会》也并非死记硬背古诗词,而是以"赏中华诗词、寻文化基因、品生活之美"为基本宗旨,通过对诗词知识的比拼及赏析,从古人的智慧和情怀中汲取营养,涵养心灵,以此带动全民重温那些曾经学过的古诗词,分享诗词之美,感受诗词之趣。①

另一方面,主动干预视听互动。视听主流媒体可以通过视听内容引导社会大众。智媒生态下,视听主流媒体成为互联网络中的一个节点。互动已经成为视听主流媒体的标配思维,中心节点的作用就是调节不同群体的交互行为,尤其是对突发性事件和热点话题,视听主流媒体可以起到引领舆论的重要作用。如2019年12月央视综艺频道和央视网联合出品,同时联动共青团中央推出一档新青年生活分享综艺节目《你好生活》,在2021年8月推出了该节目第三季。在节目中,主持人尼格买提·热合曼与两位常驻嘉宾董力、孙艺洲组成"三个都市青年代表",力邀明星嘉宾及各行各业的佼佼者,逃离繁忙的工作,回归自然本真的生活状态。他们背上简单的行囊,出发前往四座城市寻找丛林山野间的至美民宿,探寻生活的意义,分享独特的生活哲学。②

从整体来看,无论是《非诚勿扰》还是《挑战不可能》,无论是《中国诗词大会》还是《你好生活》,不同的视听主流媒体通过综艺类视听内容的细分化传播,围绕不同中心节点形成了大小不一的群体聚合,更多视听内容分散于不同群体聚合中。而视听主流媒体需要成为这一视听传播网络的中心节点,进而主动对群体话题产生影响:一方面要对社会主流思想和主流价值观的塑造发挥引领作用;另一方面要在热点事件和突发性事件中对话题进行把握,对话题走向有所影响。

总之,媒介的使用影响着人们的思维方式。每个人受媒介的影响不尽相同,但是那些需求更多、更依赖媒介的用户将受到更大的影响。对视听主流媒体而言,综艺类视听内容的影响力首先体现在用户对媒体平台使用的依赖,进而针对用户使用的不同媒介提供有针对性的视听内容。人们打开电视机,拿起手机、平板电脑来观看完整的《非诚勿扰》《中国诗词大会》等综艺类视听内

---

① 参见《中国诗词大会(第七季)北京赛区面试选拔活动在线举行》,https://t.ynet.cn/baijia/31695526.html。

② 参见《〈你好生活〉尼格买提当制作人 央视首发力慢综艺》,http://ent.sina.com.cn/tv/zy/2019-08-22/doc-ihytcitn1065197.shtml。

容，用户围绕节目在不同平台上进行交流，从而产生各种话题；话题率的增加会进一步提高节目的影响力，对用户的价值观产生深刻影响，进而改变人们对爱情、婚姻和家庭的观念。由此，用户媒体触达率——媒体话题率——媒体影响力——媒体行动力——用户媒体触达率……新综艺视听思维融入综合视听生态环境，形成良性循环，促使视听主流媒体持续发挥核心引领作用。

第二节 视听主流媒体对网络直播的借鉴

智媒生态下，网络直播给视听主流媒体带来视听传播思维的转变，从固定播放满足集体观看的视听需求，转变为实时场景满足个体体验的视听需求，网络直播运用视听媒体技术突破了视听传播的时空的限制，为用户带来了新的视听体验，视听主流媒体可借鉴其做法，提升视听传播的影响力。

一、网络直播的经验分析

（一）融合平台提供现场感

智媒生态下，视听传播不再是单一的过程，而是一系列平台运用的过程，在这个过程中，视听内容与社交互动联系在了一起，通过互动实现了视听内容和视听服务的多样化扩展。视听主流媒体不能局限于视听内容的生产和传播的传统思维，而应将自身定位为体现多功能的平台型视听媒体。网络直播主播人的临场表现提供的视听现场感发挥着十分重要的作用。

网络直播是"通过用供给端将内容进行实时交互的传递方式展现在互联网上的新兴媒体的互动传播。网络直播继承了传统网络的传播优点，能够把不同领域的内容以在线视频的方式，利用直播平台呈现出来。这是一个互动方式高、宣传效果好、突破距离局限、提高宣传效果的有效方法"[①]。因此，网络直播是一种允许随机的用户充分参与的视听娱乐或视听服务。网络直播打破了

---

① 李赫、臧海远、曹智：《网络直播发展与变革趋势》，《新闻文化建设》，2021年第19期。

传统"屏"所造成的传播者与接收者之间的割裂感,以弹幕、点赞等实时形成了第二"屏",拉近了彼此的距离。同时,个体用户也在这一过程中实现了有效聚合,调动起彼此的情感连接。网络直播通过提供一个开放、共享的平台,发挥了融合互联网传播终端设备、集成多种视听技术应用的交互功能,以远程多元用户(而不仅限于电视问政中现场人员)的主动参与,实现了视听过程全新在场体验,促成了视听价值的多向生成与交换。

在这一过程中,网络直播互动交流的效率和质量越高,整个视听价值也就增值越大,所聚合的用户成为提供网络直播所需要的人气和内容支持的重要资源,从而以"取之于用户、用之于用户"的方式实现网络直播的发展。

(二)网络主播聚合人气

智能化体现为以大数据和算法相结合的人工智能发挥作用,正在推动社会内容生产和分发方式的升级[①]。网络直播是一个受"人"影响很大的行业,"在融媒体时代的网络视频直播,对主持人提出新要求,需转变传统的主持人角色定位,以露脸的形式在直播间与观众展开实时交流和互动,在满足受众获取信息需求的基础上,带给其优质的视听体验"[②]。用户往往追随的是网络主播和头部内容,网络主播常常要面对线上数万人、几十万人甚至上百万人的观众,90%网络主播都在各大直播平台网站拥有自己的直播间,用户可以在主播所在的直播平台网站,进入其直播间,实时与线上观众交流互动。智能化平台对用户、网络主播和头部内容数据的跟踪分析,使视听内容可以有的放矢,起到聚合人气的作用。

网络直播中的"头部主播",即拥有庞大粉丝群的网络直播主播,具有巨大的视听号召力。当人们观看某一个视听节目,同样的媒介平台和渠道时,大部分用户随着头部主播而发生聚合和迁移。艾媒咨询的数据显示,在面对"自己所喜欢主播更换平台"这一问题时,85.7%的受访网民选择"会跟随主播一起更换平台",仅14.3%的受访网民选择"不因主播离开而更换平台"。跟随

[①] 宋健武、黄淼、陈璐颖:《平台化:主流媒体深度融合的基石》,《新闻与写作》,2017年第10期。

[②] 李璐、李芳、张娜:《传统广播媒体对网络视频直播的尝试与探索》,《采写编》,2021年第12期。

着主播换平台，而不是因平台换主播，表现出了一种新的发展趋势，即技术平台差别不大的情况下，"人"成为吸引用户的关键。

网络直播具有互联网特性，这种视听传播的病毒式传播方式，内容上带有很强的不确定性，视听内容并非按部就班进行，而是与用户的实时互动同步进行，所形成的人际交流传播和情绪感染。这种"实时在场"的视听交互行为有别于视听主流媒体传统观念中的视听传播，用户不再满足于被动地接受，而是倾向于主动地参与和选择，因此网络直播火爆的一个重要原因是恰当运用了互联网的交互功能，激活了用户和传播者两端，以用户和主播的实时在场的真实参与互动，实现了"人人在场"的视听语境，网络直播的过程成为主播与用户共同创作的过程。

（三）丰富多样的盈利模式

智媒生态下，移动端直播市场的盈利能力十分重要。当下，网络直播以直播平台为依托，具有多样化的盈利模式，主要有以下3种[①]。

一是打赏模式。这是最常见的盈利模式，直播平台根据自己的直播特色，设置各种礼物图片及类型，观众直接付费充值买礼物送给主播，平台将礼物转化成虚拟币，主播对虚拟币提现，由平台抽成。这是最常见的直播类产品盈利模式。花椒、映客等都属于这类模式。

二是广告模式。直播平台负责在 App 中（包括 banner、直播广告图等）、直播室中或直播礼物中植入广告主广告，按展示、点击或购买情况与广告主结算费用。

三是付费直播。付费直播可以有两种模式，一种是主播开通直播需要付费，由直播平台提供更高级的直播服务；另一种是观众看直播需要付费，由主播设置入场费用，平台和主播分成。另外，付费模式还可分为按场次收费、按分钟计费等，方便主播选择适合自己的直播方式，合理增加自己的直播营收。

与互联网本质相一致，网络直播是为用户搭建契合兴趣需要的视听交互平台，鼓励用户支持喜欢的主播、消费他们的内容，然后通过内容流量变现实现

---

① 本部分内容参考了知乎《直播平台的 13 种盈利模式》，https://zhuanlan.zhihu.com/p/457827395。

的盈利，其商业目标就是探寻用户访问路径，挖掘流量价值，最终实现盈利。

网络移动直播元年（即 2016 年）曾经发生过"千播大战"的恶性竞争，在此后网络直播一直存在为了盈利而蹭踩道德红线的情况，如违规打赏、诱导冲动消费、虚拟消费过度等问题。在 2021 年 2 月 9 日，国家互联网信息办公室、全国"扫黄打非"工作小组办公室等七部门联合发布《关于加强网络直播规范管理工作的指导意见》，旨在进一步加强网络直播行业的正面引导和规范管理，重点规范网络打赏行为，推进主播账号分类分级管理，提升直播平台文化品位，促进网络直播行业高质量发展。

二、视听主流媒体的借鉴与对策分析

（一）跨媒介互动形式灵活

智媒生态下，面对多种媒介技术和视听应用 App 越来越多的被用户使用，视听主流媒体从增加用户的媒体触达率，保持对用户影响力的角度考虑，不仅要做电视、广播，还要做新媒体平台，更重要的是要打通这些不同媒体平台之间的联系，尤其是与移动端的联系，使用户可以便捷地从一个媒体平台转换到另一个媒体平台，以特定的视听内容作为线索，触发用户间、用户－媒介间的社交行为。视听主流媒体应适应多视听媒体存在视听生态，积极主动促成灵活的跨媒介互动。因此，对视听主流媒体而言，重点在于整体性顺应以互联网技术为基础链接的新形势，将用户变为视听内容生成与传播的一部分，从而以智能技术手段升级视听内容跨媒介的传播效果。

在业务层面，视听主流媒体高端的专业生产模式，具有公信力和权威性，视听主流媒体可通过延伸自身优势基础业务视听产业链，形成多种视听呈现形式：长视频、短视频、点播、直播、花絮等等不一而足，对用户产生吸引力；同时，充分利用政策、市场上的有利条件，以及自身有线宽带资源和高入户率，低运营成本，强化跨媒介增值业务，通过双向化、多向化和社交化，实现交互功能。

当下，视听主流媒体融合发展聚焦于"用户增长驱动"的阶段。特别是从 2019 年中国广电拿到 5G 牌照，成为中国四大运营商之一，在将来可以建设独立的渠道，充分利用丰富的受众数据和视听内容资源进行有效匹配，因此围绕视听内容所激发的与用户各种互动不是短时的行为，而是需要日常维护并不断优化的常态过程，需要真正激活用户的日常社交需求的新途径。

智媒生态下，视听主流媒体可利用"两微一端一抖"，进行跨媒介传播，从而对贴近用户视听需求起到很大的弥补作用。随着媒体融合的进一步发展，整个视听媒体以诸多互联网智能技术搭建跨媒介的基本架构，形成24小时在线互动，好的在线互动可以聚合更多的人气，通过及时捕捉用户关注的热点话题，生成适应不同媒介平台的视听内容，进一步引起用户广泛的关注。简而言之，跨媒介互动聚合的是人气，提升的是视听主流媒体在用户中的认知度，获得的是社会效益和经济效益的双赢结果。

（二）溢出效应思维激活累积性视听需求

溢出效应是指网络中的某一活动不仅会产生活动所预期的效果，而且会对组织之外的人或社会产生的影响。智媒生态下，视听主流媒体需要运用这一思维，将视听内容制作优势转为累积性视听传播优势，激活用户的累积性视听需求。随着视听媒体由固定转向移动，视听内容由稀缺变得丰盈，用户的视听需求更复杂化、个性化。视听主流媒体运用溢出效应思维体现的是"流量"观念。具体而言，电视网、电信网和互联网融合在一起，形成视听主流媒体新的网络直播平台，以流量为衡量标准，应关注的是用户在直播期间的行为带来的人气和流量，通过如弹幕、奖赏、点赞等行为，可以伴随着用户的收视过程同时进行，促发不同个体之间、个体与媒体之间的实时交互，形成纵横交错的社交网络关系，同时为用户和视听主流媒体带来高视听体验和高附加值。

智媒生态下，用户从"看"节目到"用"资讯，对视听节目的"服务"功能更为看重，提供实用性的视听内容。河南卫视《唐宫夜宴》的综艺节目播出，使得相关内容及片段也在抖音、B站、微信视频号、微博等不同平台上的播放，从而激活了人们对中国历史文化的视听需求，由此《端午奇妙游》《七夕浪漫奇妙夜》《中秋寻亲奇妙季》《重阳奇妙游》等一系列的综艺节目让藏在历史典籍里的故事跃然在多种"屏"上，溢出效应明显，打破了传统视听主流媒体的直播注重单一屏收视率的情况，而在多屏互动中，将用户拉入进来，激活了用户累积性视听需求。

溢出效应思维还体现在视听主流媒体需要逐渐从单一"广播"功能转变为

多元"社交互动"服务功能。江苏、浙江、上海、河南等视听主流媒体基于电视屏进行扩展，利用移动社交 App，实现了不同媒介平台用户的有效匹配，增强了视听内容的针对性，服务的对象由视听主流媒体的视听用户扩展到所有的视听媒体使用者，特别是当视听主流媒体的视听内容传输正在向其他社会网络开放，各级视听主流媒体被融合起来，多元化资源优势转为多样化服务优势，对各级视听主流媒体而言，有了更丰富的视听资源，更多样化的视听服务，更个性化的平台业务，以及更开放大视听媒体格局，从平台溢出效应激活用户的累积性视听需求。

视听主流媒体在媒体融合中第三种溢出效应思维运用在于名牌主持人的培养。"头部主播"在网络直播中发挥着重要作用，对视听主流媒体的新经济支撑模式探索也很有启发意义。智媒生态下，视听主流媒体中也有相应名牌主持人，江苏卫视的孟非在《非诚勿扰》出色表现让他及其栏目霸屏多年，山东齐鲁台的小么哥《拉呱》节目接地气的表现形成了高收视率，央视媒体中白岩松、水均益及撒贝宁等知名主持人也具有增强视听节目的亲民性、亲和性的作用，强化与用户的直接互动的作用，激活用户元累积性的视听需求。

（三）多端口融合思维激活媒体触达动机

智媒生态下，用户不再是被动地观看视听主流媒体的直播，与新的视听媒体交织在一起，形成了新的视听网络格局，互联网已经成为视听传播的基本构架——无论是运营商网络还是视听主流自身的有线宽带网络——这现实视听传播的大部分已经转移到了互联网电视端，或者是智能手机端等网络平台中。因此，视听主流媒体需要适应互联网的思维方式，无论是做内容还是做传播，要具有多端口融合思维，更具人性化，不同端口之间可以实现无障碍转换，普遍而又模糊的视听需求为个性而又明确的视听需求所代替，激活用户媒体触达动机，才能成功聚合广泛的用户。说到底，有了用户媒体接触才会发挥视听内容的影响。视听主流媒体传统端的收视下降并非视听节目不精良，而是不太适合智媒生态下用户的视听需求，不能完全激活用户的媒体触达动机。

视听主流媒体作为一个事业机构，虽不同于网络直播，有着自身生产和传播的专业流程，但智媒生态下更有效地激活用户对媒体触达的动机，这一专业流程必须改变，强化视听内容的贴近性和互动性，将用户和媒体主持人进行个性化的聚合。这需要视听主流媒体在做视听内容的同时也要做智能化平台，将自身的影响力优势延伸到多个平台之中，强化社交互动性，从而完成整个平台运营的观念的转变和价值的变现，从信息汇总转向数据汇总，将视听资源进行优化配置。

根据《2021年全国广播电视业统计公报》，截至2021年年底，全国高清电视频道985个，4K超高清电视频道8个、8K超高清电视频道1个，中央广播电视总台和25家省级台电视频道基本实现高清化。新闻资讯类、专题服务类、综艺益智类电视节目高清超高清制作比例分别达到62.3%、55.7%和59.4%。有线电视网络整合与广电5G建设一体化加快发展，全国有线电视实际用户数2.04亿户，同比下降1.45%；高清和超高清用户1.09亿户，同比增长7.92%；智能终端用户3325万户，同比增长11.39%。有线电视双向数字实际用户数9701万户，同比增长1.57%，高清超高清视频点播用户3992万户，占点播用户的比例达95.3%。全国交互式网络电视（IPTV）用户1超过3亿户，互联网电视（OTT）用户2数10.83亿户，互联网视频年度付费用户7.1亿，互联网音频年度付费用户1.5亿，短视频上传用户超过7亿。①这组数据显示目前视听主流媒体仍是大体量的存在，但是用户收视端口多元化趋势明显。面对智媒体生态下新的收视发展格局，视听主流媒体需要借助新媒介技术收视端的不断升级，迅速向互联网智能化方向发展，通过多端口融合激活用户媒体触达的动机。

视听主流媒体优势在内容制作的专业化水准，短板在视听内容生产传播的科层多级化，不能适应智媒生态下视听信息实时传播、病毒式扩散的需要。这就需要改变原有的视听生产和传播的模式，简化流程，将视听内容生产传播扁平化，从而优化用户视听体验，提升用户媒体触达的效果。

从新媒介的视角来构建新的视听主流媒体，将用户个性化的视听需求进行了分割，然后进行差异化的实时互动传播，将视听内容做"活"，最大限度提升媒体触达的有效性。学者王晓红认为，"广播还原了现场感以及人际传播的亲近感，但受限于只'听'不看；电视还原了现场情境，进入人的日常生活领

---

① 数据来源国家广电总局：《2021年全国广播电视行业统计公报》，http://www.nrta.gov.cn/art/2022/4/25/art_113_60195.html。

域，但受限于单向传播；只有网络视频，尤其是网络直播，才真正还原了'面对面'的即时互动及感知的丰富性"①。视听内容是依随于视听平台和技术，若不能定位新媒介平台和技术，那么视听主流媒体在内容优势不能发挥出来，再好的视听内容也会因为用户媒体触达体验效果差而大打折扣。

对用户而言，虽然媒介接触的动机多元复杂，但是获得好的视听体验，才会鼓励他们更频繁地接媒体触达。因此，智媒生态下，视听主流媒体需要做适合新媒介技术平台呈现和传播的视听内容，进而在不同的端口平台，运用智能技术强化与用户的实时互动。视听主流媒体拥有"三微一端一网"（微信、微博、微视频、新闻客户端和网站），需要突破传统媒体思维方式，围绕视听内容生成和用户需求组构栏目和标签的做法，强化用户媒体触达的视听体验。

（四）优质视听内容适合平台要求

智媒生态下，对视听主流媒体而言，当下并不缺想要看直播视频的用户，真正缺的是能持续直播的优质内容，因为归根到底，对视听主流媒体而言，支撑其直播平台和电视直播栏目的视听内容，尤其是优质的视听内容。什么样的视听内容是优质的？从某种角度来看，需要能够满足用户视听需求适应平台特征的视听内容。

视听主流媒体长期以视听内容供应和服务为主业，拥有很多"隐形资产"，需要将诸如公信力、权威性、专业化等优势，在视听传播的不同平台中作为聚合各种视听资源、提供视听质量保证、增加用户黏度的重要凭借，充分利用新媒介技术终端，社交化功能，找准用户的"痛点"视听需求，以适应当前媒体融合发展所呈现出的平台化、智能化、移动化、数据化的趋势。电视机端大屏平台、智能手机端小屏平台，平板电脑屏、PC屏以及相应的应用等，对视听内容的呈现存在差异，从标清到高清、超高清，再到3D、4K，对视听主流媒体而言，"图像""画质"等仍然是视听内容的关键要素，在新媒介技术引领视听多样化发展的多屏时代，利用多屏、多屏互动，适应不同平台的视听内容呈现要求，满足用户个性化的视听需求。尤其是移动屏的发展带来对固定屏的冲击，功能单一、操控体验差成为目前视听主流媒体需要突破的问题，将大屏与

---

① 王晓红：《新型视听传播的技术逻辑与发展路向》，《新闻与写作》，2018年第5期。

小屏连接起来，通过小屏来激活大屏，通过大屏延伸小屏，丰富了视听内容的呈现平台。

对于视听主流媒体而言，优质的内容需要提升版权意识，维护自身视听权益，同时避免出现同质化严重的网综和网剧，不能因眼前的利益只追求节目的数量而忽略了内容的质量。对于在聚光灯下的短视频来说，优质的内容已增长乏力，仅仅通过智能化推荐机制已无法满足用户越来越高的心理阈值，未来应该将发展的重心从营销手段转移到内容的审查上，不断发掘有创意、正能量、精致化的娱乐内容，尽量减少一些内容趋同的视频。视听主流媒体尤其要提升大数据收集的作用，对目标用户进行精准的数据化绘像，从而精准满足用户多元化视听需求。平台化体现了视听主流媒体在相互连接的立体化新视听格局中自身的定位，从而可以在整个视听媒体生态环境中发挥独特的功能和作用，真正增强用户黏性，进一步提升对用户的吸引力。

（五）搭建智能移动场景满足视听交互需求

承上而言，智媒生态下，视听主流媒体处理视听内容优势与新媒介平台的关系，也需要一种新的思路，做成完全不同的新视听主流媒体的子媒体，从新视听平台优势转化为传播优势，从而形成一种新的运营方式。面对着移动化视听需求持续增加，人们更多使用移动终端进行视听消费行为，智能化场景视听内容匹配显得更为重要。以网络直播为代表的新视听理念和实践，显示的是一种视听传播规律上的变化——人们越来越易于直接参与视听交互行为。智媒生态下用户不仅是视听信息的接收者，而且也是视听信息的参与者和创作者，实时在线交互技术的发展提供了充足的条件。对视听主流媒体而言，一方面要做好内容，另一方面要考虑视听内容交互的最佳方式。

从形式上看，智能化移动短视频和移动直播是未来重要的发展方向，搭建智能移动场景，是发挥视听主流媒体优势、满足用户视听交互需求的重要方式。例如，"荔直播"是江苏省广电融媒体新闻中心打造的"网络电视直播+短视频"品牌，实现了电视直播、移动直播、短视频的有效融合，主要以热点焦点、突发新闻、国际赛事、独家策划为题材，坚持内容为王、策划为先，依托"江苏新闻"微信公众号、微博"一直播"、荔枝网、荔枝新闻客户端，以及腾讯、网易等合作方的网络直播平台，覆盖5000万线上用户，以电视和网络的同源直播,将优质资源的平台共享最大化,并在同步直播的同时做到实时互动,提升观众、网友的参与度。"荔直播"实现了平均每月 10 场的直播体量,单场在线收看人数从 10 万到突破百万,最高流量过 2000 万,直播网友互动评论留言场均 500 条,活跃场次的网友评论上千条。[①]

智媒生态下,网络视频直播的发展对视听主流媒体而言,既是挑战,也提供了发展的新思路。这促使视听主流媒体进一步以用户为中心,将视听内容、形式等向用户的视听需求聚合,不是做"孤芳自赏",而是要"秀变群芳",如此,才能激活用户的媒体触达动机,扩大视听主流媒体视听传播的影响力。

[①] 李轩:《融媒体时代主流媒体的融合创新——以广电媒体总台融媒体新闻中心为例》,《视听界》,2017 年第 5 期。

第七章　视听主流媒体文化的构建

智媒生态下，视听主流媒体担负着引导社会主流文化的职责，尤其是在多媒体平台视听生态环境中，各种视听亚文化层出不穷，"由竞争、造梦、明星之类的宏大叙事，转向从生活琐碎中发现艺术，也就是费瑟斯通所言的日常生活的审美化"①。智媒生态下，新视听文化逐渐构建起来，本章对此进行探讨。

第一节　新视听媒体文化的冲击

随着媒体融合的推进，新视听媒体不断形成新的视听文化，对视听主流媒体形成冲击。麦克卢汉突出强调了媒介对社会文化的形塑力量。在《理解媒介：论人的延伸》一书中，他反复论证这样的观点：正因为有了媒介，人类才有可能从事与之相适应的传播和社会活动；媒介的不同决定了社会文化样态的不同；媒介会消灭一种文化，同时引进另一种文化。

视听主流媒体的新媒体融合，体现了一种传承与互动，构建起一种以广泛超链接、分散式去中心化分布、扁平化传播为特征的新视听文化观念，不断将平等、开放、通俗的视听文化理念渗透于视听传播过程。

---

① 喻国明：《媒介革命：互联网逻辑下传媒业发展的关键与进路》，人民日报出版社，2015年版，第22—23页。

一、视听媒体文化的多源头和个性化

智媒生态下,作为专业化、精英化视听生产者的视听主流媒体仍然是视听主流文化的主导者、引领者。多元化的视听主体丰富了视听内容的来源,异质化用户基于自身的视听偏好、审美趣味等,形成了不同的视听内容聚合。当受众可选择的视听内容增加的时候,视听主流媒体需要同其他视听内容传播一起,共同对社会文化产生影响。

正如凯文·凯利所指出的,"科技已经成为我们的文化,我们的文化技术"[1],新视听媒体的核心是数字科技支撑下的丰富内容呈现方式,其软件界面交互性、社交化是其主要特征。新视听媒体技术在重新调整、塑造、创新我们的媒介文化,人们的社交、娱乐、情感、道德、自我认知、价值判断等不断地被新视听媒体技术渗透,以至于我们没有觉察出它们的存在,实际上它无处不在,无时不在。新视听媒体技术与以往媒体技术的不同之处在于数字化融合性,即通过融合传统的媒介——报纸、广播、电视等,形成新的媒介形态,然后它又融合所有的视听内容,形成具有强烈交互性的数字化新内容,嵌入人们的日常生活,影响人们对周围环境和自身的认知。视听媒介技术及呈现的演化和发展,也在不断促进社会文化的延展。无论是在线上还是在线下,这种数字新视听媒体技术所形成的媒介文化潜移默化地影响着大众,丰富着大众文化,影响着社会主流文化。

用户生成内容成为视听文化中的重要构成部分。用户通过使用新媒介、视听 App 等生成多样的视听内容,随手拍、随时晒所产生的视听数据流分散了人们的视听注意力,但用户更久地停留在自己喜好的视听文化圈子内,沉浸在自己所喜好的信息之中。由此,真正产生影响的是用户自己"想要的"信息,而不是视听主流媒体认为用户"需要的"信息,进而形成用户极具个性化的视听文化取向。

多源头和个性化的视听内容,构成了多源头和个性化交错的视听文化。视听主流媒体需要重新思考发挥文化引导力的方式。视听文化传播不再仅仅是宏

---

[1] 凯文·凯利:《新经济 新规则》,刘仲涛、康欣叶、侯煜译,电子工业出版社,2014年版,第37页。

大叙事，作为一种社会文化的导向，越来越多地受到个性化视听文化需求的影响。用户的视听行为作为一种媒介符号，形成了具有鲜明"使用—满足"特色的文化导向，用户主动寻找自己偏好的视听内容，还会借助新媒介技术主动创作视听内容。这种用户主动参与创新和创作的新视听媒体文化嵌入人们日常的视听媒体使用和消费行为，改变传统观念中的视听形象、视听内容呈现和传播模式。

二、开放性视听媒体文化的冲击

新视听媒体有助于构建一个开放、自主的媒介文化。这促进了视听文化不断创新。视听主流媒体通过视听内容传播来影响社会文化的构建，如流行文化、时尚文化潮流、社会人文思想等。虽然一种信息是没有办法直接引起公开行为的，但类似的视听信息以用户为中心聚合起来，形成一定规模的时候，则会形成强大的文化冲击力。霍尔的相关研究显示，用户并非被动地接受视听内容，而是通过参与传播、接收各种视听信息，主动对视听内容进行"解码"和"内化"，使自身产生一种内在的触发性效果。

智媒生态下，新媒介技术和平台为用户提供了充分的条件，使其将这种隐性、内在的行为过程，变为显性、主动的行为过程。用户根据自己的价值观念对视听内容做出判断，主动参与视听传播过程。视听主流媒体封闭性、意义确定性、整体性的视听文化，逐渐被开放、意义不确定、碎片化的视听文化影响。

视听媒体技术的变迁，直接作用于媒介文化的形成。用户可以不断主动创新（部分原创）视听内容，并在多元化的融合平台上传播，普通的用户个体和群体文化偏好得以传播扩散，草根文化或边缘文化不断充实着主流文化，使新视听文化不断溢出视听主流媒体原有的视听文化边界，促成一种新视听媒体文化的形成。视听文化是视听符号的聚合，不同的视听媒体环境下有着不同的视听符号，这些视听符号的聚合形成了人们了解周围环境、进行休闲娱乐等的文化氛围。当下，以新媒介技术为中介的视听传播无处不在，多主体、多场景的实时无缝在线构成了新视听媒体环境，形成了新的视听媒体文化，形成了开放多元的视听文化取向。

三、碎片化视听媒体文化的冲击

智媒生态下,视听生产传播从传统传者主导的"生产—传播—获取"过程,逐渐演化为多元用户参与创作筛选、共同进化的交互过程。尼尔·波兹曼认为,"虽然文化是语言的产物,但是每一种媒介都会对它进行在创造——从绘画到形象符号,从字母到电视。每一种媒介都为思考、表达思想和抒发感情的方式提供了新的定位,从而创造出独特的话语符号"[①]。

随着新视听媒体技术的普及,各种视听 App 层出不穷,诸如微博、微信、微视频、抖音、快手等流媒体平台,都在鼓励用户参与交互,用户集收视、制作、传播、转发为一身,参与视听文化的塑造过程,驱动视听主流媒体从以传者(媒体)为中心的视听媒体文化,逐渐向以用户为中心的视听媒体文化过渡。需要关注的是,这种用户与用户之间、用户与媒介之间的互动,通常是随机的、片段化的,因而一方面是数量上的绝对丰富,另一方面是质量上的相对不确定性,客观上形成碎片化的视听文化。

尤其以抖音、快手、微信视频号等为代表的短视频,更是进一步撕碎了视听文化的完整性、线性、延续性:时间短——一般在 10 秒到 5 分钟之内;内容简单——一般是单一事件的片段;易扩散——可在微信、微博或其他平台上转发;参与性强——除了围观、点赞或转发,用户可以运用媒介工具进行短视频内容的创作和加工;题材多元——涉及技能分享、幽默搞怪、时尚潮流、社会热点、街头采访、公益教育、广告创意、商业定制等;形式灵活——运用剪辑技巧和创意,制作或精美震撼,或搞笑鬼畜,可以加入解说、评论等元素,也可以系列形式呈现。短视频能够适应用户多种碎片化视听场景文化的需求。如此,人们容易沉浸在这种碎片化的视听文化中。

---

① 尼尔·波兹曼:《娱乐至死》,章艳译,广西师范大学出版社,2008 年版,第 10—11 页。

第二节　新视听媒体文化日常化

随着"日常生活媒介化、媒介生活日常化",新的视听文化越来越成为社会文化的主导部分。

一、日常新视听媒体文化的界定

英尼斯曾指出:"文化在时间上延续并在空间上延展。一切文化都要反映出自己在时间上和空间上的影响。"[1] 我们所讨论的新视听媒体文化,是通过以视听主流媒体为主体,融合多种传播媒介平台技术所形成并起作用的一种文化系统,它是具有突出互联网数字信息科技新特征的视听主流融媒体与各种视听文化交织结合的一种传播现象。

麦克卢汉认为"媒介即讯息","媒介是人体的延伸",正是基于微博、微信、微视频、专业网络视频网站等媒介及媒介技术不断嵌入人们日常生活的方方面面,快手、抖音、短视频等实时直播、记录、传播人们日常生活的点点滴滴,巧妙而又深刻地改变着人们的文化体验和文化氛围,日常化的新视听文化逐渐构建起来。

新视听文化的构建,既体现了媒体融合的过程,也构成了媒体融合的背景。正是在媒体融合的过程中,才形成了具有特色的新视听文化,而新视听文化又成为人们产生视听需求、驱动新视听内容的生产传播的背景。新融合媒介平台的平等参与性和技术低门槛,使以视听主流媒体为中心的视听格局发生了变化,媒介技术的发展使多元化用户可以更便利地参与视听内容的生产、传播,进而促成日常化的新视听文化。

二、融合日常"新旧"媒体的新视听文化

智媒生态下,新视听媒体潜移默化地影响着人们的思维方式,媒体融合不

---

[1] 英尼斯:《传播的偏向》,何道宽译,中国人民大学出版社,2003年版,第16页。

是简单的物理混合，而是复杂的"化学反应"。正如尼尔·波兹曼所指出的，"当一种有很大影响力的媒介进入一个文化时，结果并不是旧文化和新媒介的简单混合，而是产生一种新的文化"[①]。在一定的社会因素和经济因素之下，视听主流媒体与其他新媒体的互动对视听文化构建十分重要，需要用户的合作、平台的契合、传播技术的支持，需要"新的"视听媒体及技术与"旧的"视听媒体及技术的全面融合，从而使得新的视听观念文化融入"赛博世界"和"现实世界"的交互。那么，传统媒介技术和新视听媒体技术的融合，不仅表现在用户时间、注意力、话语权等方面，而且表现在对社会文化、社会主流价值思想和思维方式的影响上。

莱文森认为，"技术与通俗文化的关系还存在一个更加复杂化的因素。各种技术都有这样一个趋势：它们的运作不是孤立的，而是联手的，而且常常是相互影响的"[②]。新视听媒体文化不是任何单一媒体可以孤立运作就能可形成的，而是多种力量、多种因素共同作用的结果。这一过程中，电视、广播、手机等不同的介质不断融合，微信、微博、抖音等勾连互动，形成媒体矩阵，互相影响。与此同时，作为新视听文化要素的表情包、GIF动图交互以及对经典影视剧片段的剪辑分享等贯穿其中，不仅突破了原有仪式化的公共视听欣赏交流，而且将人们私下相互传递信息的习惯公开化，从而形成基于社交需求和智媒生态的新视听媒体文化。它更注重交互和分享，更多体现视听数字化个性。视听主流媒体通过提供专业视听内容，成为在立体化视听网络中重要的素材来源，与其新视听媒体一起，运用新技术进行视听内容的传播扩散，形成更具多元化的视听媒体文化。

全球网络指数分析网站GWI通过对全球Z世代群体的抽样调查，发布了《2022年Z世代群体研究报告》。报告分析认为，在2021年第一季度，Z世代花在流媒体上的日均时长达到1小时29分钟，首次与电视媒体持平。毫无疑问，广播电视仍然很强劲，这些数据证实了直播电视与流媒体共生的必要性，就像美国的派拉蒙和英国的ITVHub一样。Z世代视频收看渠道前10名的榜单显示，虽然网飞（Netflix）在Z世代观众中所占比例相当高（60%），但

[①] 尼尔·波兹曼：《娱乐至死》，章艳译，广西师范大学出版社，2008年版，第16页。
[②] 保罗·莱文森：《莱文森精粹》，何道宽编译，中国人民大学出版社，2007年版，第13页。

YouTube 以相当大的优势（83%）高居榜首，成为年轻一代中最主流的视频收看渠道。此外，YouTube 高级频道和 Twitch 都进入该榜单前五。总体来说，视频分享网站的受众基数虽然落后于电视媒体和广播媒体，但它已经潜移默化地改变了许多年轻观众"看电视"的本质。视听主流媒体作为新旧媒体文化融合的核心之一，要适应这一新视听文化的发展趋向。

三、新视听媒体文化的影响力日常化渗透

媒介文化在社会价值规范和社会价值体系构建中的影响力不断提升，越来越被视为社会主流文化的典型，代表着社会主流文化的变迁。新视听媒体文化力量和作用来源于新媒介（互联网数字技术和平台等）与社会文化（主流文化、亚文化等）两个方面，是两者互相作用的社会功能与作用融合交织而生成的。美国学者舒德森认为，"理解传播即是理解我们所在的社会和时代，传播的目的是按照社会阶层的变化和现实阶层的变化和现实力量的对比关系来营造文化和意识形态的合法性。……很多时候，通过大众媒体展现在大众面前的传播行为，被视为主要的社会影响力"[①]。随着智媒生态的形成，视听图像等成为信息传播的主要形式和内容，视听文化成为越来越有影响力的媒介文化之一。

全球网络指数分析网站 GWI 发布的分析认为，网民在进行文化消费过程中存在明显的娱乐偏好，对带有搞笑元素的表情包、动图和"迷因视频"等的需求仅次于硬性需求的"发现新闻"，具有"娱乐性转向"（超越单纯的社交分享）、"媒介啮合"（内容和用户身份更具流动性）、"表情包语言"（展现亲密交流的新型语法）、"幽默分享"（线上狂欢和参与文化评论的工具）、"平台语言"（更符合文化潮流和共通的价值意义空间）等新特征。[②] 智媒生态下，视听传播媒体的这些改变深刻影响着人们的日常视听习惯和偏好，也为不同文化的互推互融提供了条件和契机。

与此同时，新媒介技术和平台应用为人们提供了不同的视听体验，媒介文化更依赖于传递的视听信息产生影响，"尤其是当前社会思想多元多样多变，

---

① 迈克尔·舒德森：《新闻社会学》，徐桂权译，华夏出版社，2010 年版，第 1 页。
② 参见腾讯媒体研究院：《2022 年互联网文化解读报告》，https://view.inews.qq.com/a/20220513A00J1C00。

人们思想活动的独立性、选择性和差异性不断增强，以数字化、智能化、移动化为特征的信息技术创新日新月异"[①]。在视听文化交融的当下，新视听文化在不同用户的日常交互中发挥着独特的影响力。如在族群多元的美国Z世代群体中，有40%的人将音乐当成与自己本民族文化建立联系的重要渠道。[②] 当视听传播不再局限于专业把关人筛选的视听内容，个体创作、商业资本创作等各种类型视听内容不断被呈现给用户，新的视听媒体文化生态开始构建起来了。研究显示，自2020年第四季度以来，Z世代对TikTok的每日参与度增长了47%。[③]

移动视听适应了碎片化视听需求。移动互联网带来用户视听消费习惯的改变，传统视听主流媒体与用户的文化期待相比，还存在一定差距。人们在碎片化时间里，从更多视听平台和应用App的使用链条中，获取更为个性化、碎片化的文字与视频，促成了移动碎片化的新视听文化。视听主流媒体需要重新定位自身在整个新视听格局的位置和作用，适应不同用户个体和群体的视听文化需求，做好融合平台。

新的视听媒体融合，以新的方式呈现现实与世界，改变着人们的文化认知，比如VR所呈现的沉浸感和交互性，对于真实与虚拟产生了不同的认识，当视听主流媒体的视听内容不仅在电视屏直接播放，而是利用VR做成虚拟内容，开拓的不仅仅是一种视听内容的呈现形式，更是一种文化体验的形成——麦克卢汉认为"媒介是人体的延伸"，更是一种文化的构建，潜移默化地影响着人们对日常生活的理解和构建。新视听媒体文化不断地在人们的日常生活中渗透着影响力。

四、两种矛盾的视听媒体文化观点

不同的媒介有着不同的媒介文化方式。智媒生态下，新视听媒体平台以互联网数字技术为基础，促进了以数字化、智能化、移动化、多元化等为特征的

[①] 国家新闻出版广电总局发展研究中心：《中国广播电影电视发展报告（2017）》，中国广播影视出版社，2017年版，第3页。
[②] 腾讯媒体研究院：《2022年Z世代群体研究报告》，https://new.qq.com/omn/20220421/20220421A02XHL00.html。
[③] 腾讯媒体研究院：《2022年Z世代群体研究报告》，https://new.qq.com/omn/20220421/20220421A02XHL00.html。

媒介文化发展。正如太阳下的大树，有人看到了阳光的一面，有人看到了阴影的一面，对正在形成中的新视听媒体文化，学界一般持有消极和积极两种不同的观点。

（一）"开放多元"促进视听主流媒体视听文化发展

一些持有积极观点的学者认为，媒体融合背景下，新技术推进了新视听传播的发展，视听传播更为便捷，视听内容来源更为多元，视听平台渠道更为多样，每种文化都得到呈现的机会。在这一过程中，无论是用户还是视听传播主体，都被极大地激发出创造力，正如费斯克（John Fiske）所认为的，媒介文化是动态的，消费者可以根据自己的喜好随意选择适合他们的文化产品，并能动地创造他们所需要的意义和快感。[1] 智媒生态下，视听内容无比丰盈，一种全新的、富有活力的新视听文化正在形成。

人们视听审美的追求发生了变化，各种草根视听文化实践进一步丰富着主流文化的内涵，"自我表现"（晒文化）成为重要的文化取向之一，用户主动拍摄或者对视听主流媒体的各种视听内容进行重新编辑，融入自身的观念和理解，形成新的具有独特意蕴的视听内容。多种视听平台本质上是一个开放性和社会性的视听服务平台，这一媒体平台"让所有个人在上面找到自己的通道，找到能够激发自己活力的资源，这是平台构造的基本特征"[2]，视听主流媒体中各类选秀类节目、真人秀节目、真人竞技类节目等的热播，正是迎合了这一发展趋向。人们追求视听体验的极限逼真、完美沉浸等，也期望能通过更加逼真的视听内容，获得更为丰富的视听体验。

智媒生态下，视听主流媒体从以媒体视听传播为中心，转向以人的视听需求满足为中心，并不断地向用户聚合。由此，权威媒体主导的主流视听文化逐渐被多元化节点视听主体影响、构建。普通大众更多地参与视听文化的构建，丰富了视听文化，逐渐形成一种新的潮流，推动视听文化良性发展。

---

[1] 转引自侯斌英：《当代媒介文化的后现代性分析》，《新闻界》，2010年第4期。
[2] 喻国明：《媒介革命：互联网逻辑下传媒业发展的关键与进路》，人民日报出版社，2015年版，代序，第7页。

(二)"娱乐至死"消解视听主流媒体视听文化价值

一些持有消极观点的学者认为,技术垄断了视听传播的注意力,形成了肤浅的视听文化,甚至伪装成有深刻意义的文化,但仍然不过是支离破碎的片断而已。不可否认的是,媒体融合带来的不仅仅是优质的视听资源,由于生产、传播主体的参差不齐,多向、混乱、低俗、冗余的视听信息也在不断地充斥着整个视听传播过程。同时,当下视听平台由单一渠道变为多渠道,生产主体由媒体专业人员变为用户个体、群体、专业商业媒体等,这导致视听内容的质量参差不齐。

从审美到审丑,从严肃到恶搞,从线性整体化到非线性碎片化,从经典视听构建到经典视听消解,智媒生态下的视听传播并没有变得更好,反而整个视听文化更倾向于娱乐至上。不少持消极观点的研究者认为,这种资本催生流量,流量又催生出娱乐的过程,不断地消解着视听内容的价值和意义,以满足用户的个性偏好为借口,不断降低视听的品质,冲击着人们的审美趣味。持有这一观点的相关研究,更多的是从尼尔·波兹曼的"娱乐至死"的相关论述中寻找依据,而其"文化向技术投降"的观点更强化了这一消极倾向。

(三) 两种观点的一体两面

消极或积极的观点反映了新视听文化的两面性,从不同的视角对新媒体融合带来的文化影响进行了观照,都有一定的合理性。但是视听文化并非两个极端之间的来回荡漾,不同的社会、政治、经济背景,其视听文化表现出极大的不同。同样是对视听主流媒体产生重要影响的视听新媒体,YouTube 出现在西方国家,而抖音出现在中国,二者在内容呈现上虽然都有自拍、自编辑的内容,但所构建的视听文化则存在很大差异。因此,引用菲斯克或尼尔·波兹曼的观点(他们更多地针对传统媒体生态,而非智媒生态)来探讨我国视听主流媒体的文化构建,显然脱离了具体的语境。

在我国,各级视听主流媒体在整个视听文化的形成格局中占有重要地位,是视听文化形成的引领者,必然关注各种亚文化的视听需求,通过自身视听内容的呈现,潜移默化地影响不同个体、群体和专业视频网站。智媒生态下,这一过程既有视听主流媒体所做的宏大叙事的视听内容,也有职业个体所做的虽小却精致的视听内容,既有专业水准制作的优质视听内容,也有普通个体所做的琐碎无聊的视听内容,一以贯之的是具有中国特色的主旋律视听文化。因此,持有消极或积极的观点,并不表示可以否定或肯定某种媒体内容或形式,而是需要从具体的语境中去界定。

那么从这一立场出发,视听主流媒体在整个视听文化生态的形成、发展过程中的作用就不能一概而论,要尊重各类不同用户、群体的视听文化需求,鼓励其主动参与视听文化构建,包容平等的视听文化倾向;对消极因素要不断改进、引导,避免为博眼球、增流量而出现低俗内容的情况,不能为了娱乐而无底线地恶搞,或夸大其词,以偏概全,造成视听文化低俗化的现象。各级视听主流媒体应发挥传统电视屏、官方微博、官方微信公众号、官方网站和新闻客户端的综合文化作用,引领视听文化的健康发展。

第三节 视听媒体文化场景化

智媒生态下,视听主流媒体面对是以用户需求为中心的信息聚合,视听消费向着智能场景化发展。

一、客厅场景化视听媒体文化的进化

"场景"并非新现象,而是一直就存在的。人们对"场景"的视听需求是内容与平台的契合,用户产生一种关联感和情感上的反应,是一种主观视听体验感受。用户在特定的时空中,会对收听收看的特定内容产生不同文化体验。传统媒介环境下,人们的视听媒体选择有限,多是在固定场景下进行视听消费行为,存在明显的仪式性客厅文化的痕迹。例如,已拍好的视听内容,按部就班的播放顺序,围坐在一起的家人,等等。这一温馨场景现在常被一些对新媒介技术和平台发展持消极和负面态度的人提起。这关涉用户与媒介之间"使用与满足"所形成的客厅文化视听体验。

人们不断地在优化作为客厅重要物件的电视机等设备,从黑白到彩色,从单响到立体声,在图像、色彩、音响等方面追求最佳的视听效果,不断推动着

客厅视听文化的进化。这种以固定媒体为中心所形成的视听文化氛围，影响着人们的认知、态度和行为，形成了客厅中心化的主流文化倾向。视听主流媒体在这一视听格局中占据核心地位，审美趣味、视听体验、精神满足等都在视听主流媒体生产传播的视听内容中体现出来，塑造着人们的文化意识、视听文化体验。用户则处于被动的位置，视听文化的话语主导权掌握在视听主流媒体手中。

由视听主流媒体主导的客厅视听文化的思维在媒体融合背景下仍然发挥着影响力。新的视听媒体为传统的客厅场景文化注入新的技术体验。视听主流媒体试图利用新的媒介技术继续优化视听内容，利用智能化的视听技术，营造出客厅场景沉浸的氛围。对此，有研究者表示乐观，认为VR作为一台数字移情工具，更容易让观者激发深层次的同理心，与影片中的人物产生共鸣。因此，在促进人类互通方面，它的力量超过了电影、戏剧和文学，让人与人之间的联系变得更紧密，能够进一步促使社会各界对人类社会发展中的各种问题进行更加深刻的思考，进而采取行动让世界变得更加美好。① 央视网"VR浸新闻"以360度全景画面与第一人称视角的沉浸体验突破传统报道模式，2022年北京冬奥会期间AI气象虚拟主播助力科技冬奥，给人以耳目一新的感觉。

VR、AI等技术相融合运用于视听主流媒体中，由此促成一种新客厅视听文化的发展，表现为视觉感、听觉场感、空间感增强，展现细节能力增强，等等。视听主流媒体期望在这次的数字新媒介进化中，能够继续保持自身在视听文化格局中的主导地位，以视听技术的引入来保持其视听内容优势，推动客厅视听场景文化的进化，在视听文化的形成过程中发挥主导作用。

二、多元场景化视听媒体文化的发展

麦奎尔认为，从"使用满足理论"的角度来分析媒介时，我们需要区分两种不同的模式："工具性"和"仪式性"。前者使用目的指向实用性，以获得所需视听信息为目的，适用于视听信息性媒体；后者提供一种（媒介的）文化体验，用户获得娱乐性、休闲性、想象性的视听体验，更进一步从这些视听使用中获得逃避现实、平静内心的快感。由此，在传统视听媒体的"仪式性"使用

---

① 万彬彬：《试论虚拟现实（VR）技术对纪录片发展的影响》，《现代传播》，2016年第10期。

过程中,"旁观者的灵魂从日常生活的直接制约和沉闷中解脱出来,从而能够沉浸在新的、除了想象之外并不存在的体验之中"①。在运用新视听媒体的"工具性"过程中,人们倾向于从视听想象和创新的角度出发,探寻自身的视听需求,追求一种创新的视听媒体文化,促成一个个不同的新媒介场景文化。

当下视听场景技术更为复杂化、智能化。"场景技术是媒介技术进化在当前场景时代的体现,场景五大技术——大数据、移动设备、社交媒体、传感器、定位技术深刻的改变了商业和生活,使媒体融合的社会形态更加富有意义,我们生活在智能终端擎动的智慧世界里。场景技术的定位是智慧定位,是人与技术的协调。"②在这种智能化、复杂化的视听技术帮助下,原本被排除在外的、单纯的受传者,有可能直接参与整个视听过程,可以在丰盈的视听内容中选择自己所偏好的视听内容,满足其个性化的视听文化需求;而且,这些分散的个体可以在复杂网络中运用简单的方法找到彼此,并聚合起来,形成特有的视听亚文化现象。

换言之,智媒生态下,新视听媒体融合了各种视听平台、即时收听收看的 App 等,用户具有了实时在线、实时传播的条件,视听节目不再是静态线性传播的过程,而是具有了裂变式的放大能力和蜂窝式的自我复制能力。与客厅场景不同,用户不仅可以观看,更可以凭借视听媒体技术工具,在视听平台上进行直接的生产、传播、交流和互动,这消解了视听主流媒体在整个视听文化中的唯一权威性。场景视听内容快速指向用户的视听需求,正是在裂变式扩散中,释放了用户的能量,用户可以主动参与视听生产、传播的过程,将自己的视听"作品"上传、分享,同时对他人的视听"作品"进行评价、转发,以自身的视听创作和体验与视听主流媒体一起构建起新的视听媒体文化。

菲斯克曾从主动用户的视角分析认为,电视要受到大众喜爱,就必须包含各种社会群体相关的意义,而且必须能被不同注意方式的人观看,同时能够很顺畅地融入用户家庭活动当中。③他提出了非常重要的一点,即电视与用户需

---

① 丹尼斯·麦奎尔、斯文·温德尔:《大众传播模式论(第 2 版)》,祝建华译,上海译文出版社,2008 年版,第 55 页。

② 周妍:《互联网+时代 T2O 媒介文化场景认知传播》,《西南民族大学学报(人文社科版)》,2018 年第 5 期。

③ 严力:《约翰·菲斯克〈电视文化〉解读》,《中国传媒科技》,2012 年第 10 期。

求的契合性至关重要。因此，智媒生态下，视听主流媒体需要从传统客厅场景仪式文化中走出来，重新确定自身在视听文化形成中的作用，主动参与整个视听过程。

三、介入式视听媒体文化的渗透

承上而言，智媒生态下，用户介入式视听文化渗透成为常态。即，用户不再被动接收视听文化的影响，而是主动介入视听文化构建中，不断渗透到视听内容生产、传播过程中。视听内容不再完全由视听主流媒体垄断，用户在接收视听内容的同时，即可以通过新媒介技术及平台进行再创作，同时用户也可以运用新媒介技术及平台以 UGC 的形式进行视听内容的创作，从而影响视听主流媒体。从"观者"的层面看，受众作为观看实践的行动者，是可供性得以生成的重要依托。"观看"在审美实践层面的意义流变建构出受众的主体性和主动性，一种关键的行动线索在于"间性"思维运用及相应形成的跨媒介再创作，在技术逻辑下充分获取审美权利、审美体验和审美心理的自主性，强调意义共创和共享、重构注意力配置逻辑、精细化对接用户画像，进而促成受众从接受式审美到介入式审美的转变。①

因此，视听主流媒体应将普通个体用户的"参与＋参与""互动＋互动"等表示主动性、动态性的词语作为新视听文化构建的关键词，通过非线性不断动态变化的视听内容更贴近用户求新求快的视听需求，不断聚合各种类视听，进一步加快传统客厅场景向碎片化移动场景的转移，提升场景－内容－媒体（平台）等彼此间的契合性。由此，智媒生态下，视听主流媒体以媒体为中心向用户为中心转移，并持续性、规模化地再生产出全新的视听文化，视听文化呈现出向用户的转向的趋势，抖音、B 站等上充满了用户主动创作的视听作品，也有对视听主流媒体作品的二次剪辑创作。与此同时，智能推荐、多元个性化呈现社交互动成为视听常态。视听生产传播面对的不再是固定的客厅集体观影，而是在基于用户所在的具体空间和时间的视听需求基础上主动做出的选择，随着虚拟场景和物理场景交融，VR 技术等延伸了用户与视听主流媒体互

---

① 何天平：《"观看"作为再创作：论视听文化再生产与受众介入式审美》，《现代传播（中国传媒大学学报）》，2022 年第 4 期。

动的维度，扩展用户的视听体验。以往视听内容生产和传播依赖于专业从业人员的经验推测，这种媒介文化氛围是由精英主导的；智媒生态下，在视听内容专业生产的基础上，基于大数据技术和算法技术的专业分析，进行有针对性的场景视听内容整合和推送，这种由用户主动参与而形成的媒介文化氛围更具有草根的特征。

视听主流媒体需要包容更多元的新视听文化。在参与式的场景视听文化构建过程中，既包括用户生成的原创视听内容，也包括在视听主流媒体视听内容基础上编辑修改而成的新视听内容，视听内容没有"好坏"之分，只是适合与否的区别。用户参与式狂欢成为新的场景视听文化的主要形式，他们通过不同场景下的实时上传下载、交流互动等，不断丰富着视听文化的内涵。对视听主流媒体而言，用户视听关系构建和多元视听内容的聚合向交融，引领一轮又一轮的视听内容、话题的交互与分享，抓取用户的注意力，吸引更多用户进入媒体平台。用户在主动介入视听生产、传播的过程中，不断地对"主流"视听文化进行重新解释，并将草根非主流的理解和创作渗透到整个视听文化的构建过程中来。视听主流媒体应主动抓住用户对视听社交、高效社交的心理需求，尤其是关注不同年龄阶段用户对各具特色的"潮"文化的需求与理解，在利用各种智媒软件进行精准用户画像和兴趣匹配的基础上，提升互动的效果，从而在新视听文化的构建中发挥重要影响力。

四、移动细分化视听媒体文化的形成

智能手机、平板电脑等移动收视端解放了以往困于客厅固定端的用户，视听主流媒体面对的是移动的用户，视听用户可以处于不同的观看场景之中。在客厅、厨房、公交车、办公室、旅游途中等不同的场景下，人们使用不同的视听媒体，而不是整齐划一的电视机端；尤其是视听移动端的发展，各种视听App应用的不断涌现，使得移动场景成为常态化和主流化，这与传统视听主流媒体的客厅场景文化不同，它是"小屏幕"和"社交化"的视听形式呈现。考虑到每个用户手机端视听需求偏好的差异，视听媒体文化更趋向细分化。

（一）宏大叙事视听文化被片段化

智能生态下，多种视听内容生成模式使视听主流媒体原有的宏大叙事视听

内容，被分隔成不同的部分，以片段化的呈现来适应不同的平台播放要求。视听文化的一致性变得多元化，原本整体性的视听文化价值，被混淆或拼贴成各种碎片化的视听，表现出各种不同的视听文化价值取向。与此同时，场景视听文化"热点"契合造成了视听传播的重新整合与割裂。视听文化总表现为与用户视听需求不同程度上的契合，形成视听热点。

在客厅固定视听媒体下，宏大叙事的视听内容需要生产传播者花费较长时间和精力进行创作，而受众也需要花费较大的时间和精力进行理解，形成的视听文化更为完整和深刻；而在社交化的移动小屏中，视听平台移动场景不要求人们能够创作出理性深刻的文化作品，而是呈现出易于理解、轻松娱乐的碎片化内容，解构了视听内容的完整性，价值意义也被解构碎片化。

这一方面视听主流媒体需要对无意义、破碎、瞬间和非理性的信息进行整合，生成一个价值意义明确完整的视听内容进行呈现；另一方面视听主流媒体面对更个性化、割裂分离化的新视听文化，需要基于用户移动碎片化的多向互动，针对不同场景的用户构建起多场景视听文化。

（二）碎片化的互动数据增加视听文化信任度

在传统大众媒体时代，视听主流媒体渠道单一，通过日常报道逐渐形成了公信力，赢得了用户的信赖；并凭借专业权威性，其制作、播放经典的视听内容会对主流视听文化产生广泛的影响力。智媒生态下，视听主流媒体依旧具有公信力、权威性和影响力，但不同的是，它不再独占这一视听文化的形成过程。视听用户、视听群体以各种形式参与这个过程中，信任感的产生是基于各种场景的分享互动来实现，视听平台中的收视人数规模、评论数、好评率等是重要评判依据。

场景视听文化精准整合细分化，增加了用户的亲切感和信任感。借助大数据技术和算法技术，所有的视听内容被分类，用户的视听需求被细分化，并被标记为不同的视听文化群体。由此，成为用户视听资源一部分的视听主流媒体视听节目，通过社群标签、网红推荐、"10万+"置顶等与具体视听文化场景的契合，使各种视听文化可以有效地传播至"合适的"用户。自组织网络、自媒体平台、自传播、群体传播等多层面视听传播共同作用，视听传播与特定用户视听文化群体相匹配，满足用户特定的视听需求。

(三)促成全新进化视听场景文化

智媒生态下,视听主流媒体的视听内容不再被置于绝对的视听位置,与多元场景相契合,"多元视听平台+移动互联网络+智能算法"进一步激活传统电视所营造的客厅场景文化向移动场景视听文化的转变,这使视听主流媒体不单单是播放视听内容的媒体,而是促成全新进化的场景文化生态的关键节点。用户基于自己的视听需求和观看数据情况而做出视听选择,在偏好平台上进行连续或非连续的话题互动,体现其在特定场景下的所看所感所思。智媒生态下,这一由人的视听体验及交互所形成的视听文化,被诸如大数据技术、智能算法技术、微传感技术等深深地打上了烙印,视听文化具有了明显的技术痕迹。

正因为视听主流媒体不再是唯一的视听内容提供平台,而由不同的视听生产或传播主体根据不同的"算法"亦可以满足用户个性化的视听需求,由此这种媒体触达行为进一步开掘了视听内容文化的自我进化功能。这不仅仅是大众传播或自我传播,更是包含了各种视听亚文化之间的交互与扩散,在与他人视听关系的普遍连接过程中,回归视听传播交流和理解的文化本质。

原本被视听主流媒体的大体量、专业化视听传播掩盖起来的个性化视听需求,在新视听媒体场景文化中获得尊重并得到不同程度的满足,小米、华为等手机制造商也是智能视听生态构建者,腾讯、字节跳动等既是社交媒体又是视听文化主要平台,都在不断地激活新的场景文化。这种激活对视听主流媒体而言既是一种挑战,也是一种新的发展途径:从传播者转变为协调呈现者,由量变转为质变,从单一的客厅场景视听文化转变为丰富的移动场景视听文化。

五、移动场景视听媒体文化的拓展

随着视听内容向移动终端的迁移,视听场景动态化创新构建成为常态。视听主流媒体和用户以 H5、微信、微博、抖音等移动 App 进行视听内容的传播和再生产,形成形式多样化视听媒体文化的创新拓展。观众很难完整地说出《非诚勿扰》节目每一期的内容,却记得某一期中主持人或嘉宾等人物言行表现,其原因就是人们在移动端交流的可能、交流的频率得到放大,能够突破时空的限制,引发用户聚集成群。此外,交流的内容和形式等又得到细分,满足用户多元个性化的视听交互需求。如《声临其境》嘉宾演员的现场表演被观众剪辑成为片段集锦，在不同的移动社交平台上进行播放、交流，并赋予了视听内容新的内涵。

因此，智媒生态下移动新视听场景文化兼具个性化和多元化，从宏观和微观层面不断地对社会主流文化产生深刻影响。在移动化场景的迅速更迭过程中，新媒体文化也快速发生着变化，用户被卷入实时场景视听之中，通过围观、点赞、转发、弹幕，甚至屏蔽来表达对某一视听内容的态度。人们通过自拍视频、图片表达对社会、对他人、对事件等的看法，直接参与视听媒体文化的构建，形成了典型多元化的移动视听场景文化。这一多元化的移动视听场景是以个性化的用户为基础的。

对视听主流媒体而言，视听节目的火爆除了优质的视听内容，还需引发契合多种移动场景的内容话题互动。无论是真人秀节目如《极限挑战》《我是歌手》，还是文化类节目，如《中国诗词大会》《经典咏流传》，或是IP热剧，如《庆余年》《开端》等，部分视听内容在特定的场景下被剪辑成片段，进入用户人际传播的网络中。

移动端的发展带来了用户个性视听文化的互动。移动媒介为视听场景文化增添了更多新的内涵，实现了用户移动场景的交融。在新媒介技术和平台的推动下，从线下交互到线上交互，从现实交互到虚拟交互，从近距离交互到远距离交互，都进一步增强了用户的视听文化体验。人们通过视听内容聚合连接，建立起个性化的视听圈子；随着新移动视听场景和新视听内容的出现，又不断形成新的视听文化圈子，这体现了智媒生态下移动场景文化的开放性，对不同的视听需求都体现着包容态度。

用户通过随时可以连接的视听平台，随时可以交互的社交网络，随时可以编辑使用的App，更主动地传播和获取视听内容。当视听内容进入用户社交网络中得以病毒式扩散，用户主动参与、主动互动形成发散式传播，视听主流媒体将自身的视听内容优势转换为社交优势、场景优势。由此，用户与用户之间的交互促成了移动场景视听文化的形成。

第四节　视听媒体亚文化的融入

智媒生态下，用户依据自身视听偏好聚合起来，形成各种视听亚文化。视听主流媒体作为主流视听文化的生产者和传播者，需要面对多元视听亚文化融入的影响。

一、视听媒体亚文化的发展

亚文化与主流文化之间既存在差异，又有着种种关联。"从广义上来说，亚文化（subculture）通常被定义为更为广泛的文化的一个亚群体，这一群体形成一种既包括亚文化的某种特征，又包括一些其他群体所不包括的文化要素的生活方式。"[1] 加拿大社会学者布雷克认为，亚文化是"由处在从属结构位置的群体中发展出的一套意义系统、表达方式或生活方式，以回应占主导地位的意义系统；它表明处于从属地位的群体试图解决那些从广泛的社会背景当中产生的各种结构性的矛盾"[2]。随着"媒介生活日常化，日常生活媒介化"，视听主流媒体在主流文化和亚文化的构建和交流中的作用越来越重要。

尤其是视听主流媒体在我国视听格局中长期占据中心位置，担负着传播和构建社会主流视听文化的职责，按照宣传政策和目标，通过宏大叙事的视听内容生产、传播，倡导社会主流价值观，"建设人民满意的精神文化家园，在传播党的声音、弘扬先进文化、丰富人民精神文化生活、维护意识形态和文化安全等各个方面发挥更大更好作用"[3]。

与此同时，智媒生态下，随着各种新媒介技术平台的出现，个性化的视听偏好不断聚合起来，原来隐性存在的各种视听亚文化逐渐变得活跃起来，聚合

---

[1] 戴维·波普诺：《社会学》（第11版），李强等译，中国人民大学出版社，2007年版，第78页。

[2] Michael Blake, *Comparative Youth Culture: the Sociology of Youth Cultures and Youth Subcultures in America, Britain and Canada*. London, Boston: Routledge& K. Paul, 1985, p. 8.

[3] 国家新闻出版广电总局发展研究中心：《中国广播电影电视发展报告（2017）》，中国广播影视出版社，2017年版，第4页。

为不同的视听亚群体。微博、微信、抖音、视频网站、综合网站等成为多元用户的聚合平台，在不同层面上满足着人们不同的视听文化需求。例如，在哔哩哔哩网站上，围绕每一个视听内容种类都聚集着不同的用户，由此形成了多元化的视听亚文化，甚至有以往从未关注的视听聚合类型和用户视听等级；而在微信视频号、抖音号上面，视听主流媒体与各种视听内容生产传播主体一起形成了多节点连接的视听网络及视听亚文化用户，而原处于视听生产传播顶端的视听主流媒体，也成为其中的一个节点，与不同的视听亚文化进行交互，不同的节点都可以在这些分类聚合中找到自己的归属群体。

因此，视听亚文化具有了与以往不同的影响力。首先，有着特定视听文化需求的视听亚文化个体不再孤单，主动地参与视听传播，不断地发声，主张自身视听文化需求的合理性；其次，从视听传播扩散的方式来看，视听亚文化摆脱了单向传播的束缚，以多向交互式传播不断强化自身的影响力；再次，从参与规模来看，视听亚文化不再局限于地域的小众传播，而是不断扩大小众团体，形成从普遍"接收"到普遍"接受"的多元群体化。因此，这些视听亚文化的转向，关涉到对视听亚文化与视听主流文化关系的重新认识和重新定位。

换言之，视听主流文化的主导地位、视听亚文化的创新能力以及新媒介技术平台提供的交流条件，使主流文化与视听亚文化之间的关系发生了变化：视听主流文化应当观照视听亚文化的发展，重视特定的视听亚文化对视听主流文化的扩展和创新的功效，将视听亚文化视为一种常态化的媒介文化存在形式。那么，视听主流媒体除了在原有平台上进行媒介文化传播和构建，更需关注这些视听亚文化的存在，在媒体融合过程中，这些视听文化摆脱非此即彼的二元对立模式，塑造了一种共生共存、互相促进、交叉互利的新视听媒体文化形态。

视听主流媒体通过促成不同用户之间视听需求的沟通，培养和谐的视听亚文化认同与视听亚文化共生，打破时空界限，促使不同的视听个体和群体与自身种类完全不同的视听亚文化类型彼此接触并包容、接受，进而实现多向度的交流和沟通，促成彼此吸收、彼此借鉴的良性交互的新视听媒体文化格局。

二、短视频等助推视听媒体亚文化发展

视听亚文化是智媒生态下媒介场景文化的一种表现，不断充实视听主流文

化的内涵。这种视听亚文化的形成有用户视听需求多元化满足的原因,也受到智媒技术不及视听 App 迭代升级发展的推动。短视频类视听 App 的发展,助推了视听亚文化的发展。短视频是产生于移动互联网时代的媒介新形态,具有移动化、轻量型、碎片化等特点,可给不同的人群提供短小的视听内容。快手、西瓜视频、美拍、秒拍、抖音、小影、小咖秀、彩视、V 电影等短视频App 相继推出,用户规模不断扩大,活跃用户日渐增多,形成了一种以用户生产、传播为中心的碎片化视听亚文化。

伴随我国移动互联网的加速发展,短视频已经成为用户日常获取信息的重要方式。艾瑞咨询 2020 年 4 月用户调研数据显示,用户接触过的内容形式中,短视频位列首位。艾瑞数据监测产品 UserTracker 同时显示,截至 2020 年 6月,移动网民端短视频渗透率已达 65.8%,伴随 5G 网络的落地和加速普及,短视频用户规模预计仍将进一步增长。[1] 根据《2022:媒介使用行为洞察报告》,自 2020 年第四季度以来,短视频在全球范围内的用户量增长了 27%,用户更倾向于具备"及时感"和"真实性"的在线体验,短视频简短的形式,更能满足用户需求。[2] 在视听弥散的融媒介平台时代,加之智能化算法推送,短视频能够有效弥补传统文字、图片、语音等视听信息传播方式中的场景缺失、在场感不足、呈现形式单一等问题,迅速成为移动互联网时代的视听传播风口,快餐式短视频构成了视听亚文化的重要部分,成为视听亚文化形成的突破口和创新点。

智媒生态下短视频以短小轻松的娱乐类视听内容,碎片化的呈现过程,逐渐聚合不同的价值观,个性化、小众化的短视频产品的传播互动,形成了具有鲜明特征的视听亚文化。正如有 140 个字限制的微博对新闻报道的影响,不超过 5 分钟的短视频,对视听主流媒体的长视频产生了影响。不同的用户能够利用途中、工作空隙等碎片化的时间收看各种短视频,在不同移动场景下都可以寻找到适合的视听内容,舒缓情绪,调节压力,满足自己的视听需求,为枯燥的生活、工作增添诸多乐趣,形成了一种无处不在的自助快餐式新视听文化。

---

[1] 参见艾瑞咨询:《2020 年中国资讯短视频市场洞察白皮书》,https://www.iresearch.com.cn/。

[2] 腾讯媒体研究院:《2022:媒介使用行为洞察报告》,https://view.inews.qq.com/a/20220506A07I5A00。

短视频产品催生了一个相对独立的视听媒体亚文化的发展，娱乐至上而缺乏批判精神的取向，契合了当下娱乐文化、流量观念等需要，作为一种文化传达方式，与消费文化之间形成了一种不可分割的关联。

三、用户生成内容助推视听媒体亚文化发展

用户生成内容（UGC）以原创性和非原创性两种形式，助推视听亚文化的发展。前者是以他人已有视听内容为基础的再整合作品（直接照搬转发或是简单剪辑加工为主），后者是用户拍摄的社会事件（随机）、自我才艺展示（自拍）或者是用户个体（或团队）创作的作品。这也带来了一种以拍客（对特定视听内容拍摄）、极客（对特定视听内容偏好）和播客（对特定视听内容传播）为代表的新视听亚媒介文化。

这些 UGC 模式以用户个体为主体，重要特点是创作门槛低，大众可参与，无须投入太大成本，对流量的消耗成本也比较低。当短视频成为互联网信息传播的形式之一后，以前不曾尝试过视频形式的用户（即原有的文字/图片创作者）趋向于尝试新型的媒介载体。由此带来了新视听媒体平台的繁荣，多数视听媒体平台在用户点赞、转发、评论、互动或弹幕之后能第一时间显性提醒，体现了对创作个体能力、创意的认可和赞赏，通过扩散传播和交流互动满足了人们的社交需求、归属需求及自我实现需求，聚合为丰富多样的视听亚文化。

伴随媒介技术一同进化的，还有人们对媒介使用的习惯，以及由此所带来的体验的深度变化。在这一过程中，用户个体的身份不断得到认同和强化，用户对短视频这一形式的接受度和熟悉度也随之加深。短视频借助新的媒介技术和平台被传播扩散，传者和受者之间从单一的收视行为，变为多向的社交行为，同时进一步将用户个体的尝试性行为转化为习惯性行为。

这一转化的关键之处在于，多元化用户通过 UGC 主动聚合起来的视听亚文化逐渐成为显性存在，并借助新视听媒体不断影响、改变着视听主流媒体对视听亚文化传播的关注。随着越来越多的用户个体进行 UGC 的视听创作和传播，视听主流媒体所垄断主导的视听文化发生了变化，而且是快速的、快频率的变化，越来越多体现草根文化的视听内容，不断地对视听主流媒介文化产生影响，有时甚至成为"主流"。

这正如菲斯克所说的积极受众的聪明做法,"社会环境特别是阶级地位很自然地与主流意识形态保持一致的那些观众,会对文本产生其主导作用的解读,也就是说,他们会接受它的首选意义以及这些意义与主流意识形态的吻合。还有一些观众,由于所处的社会环境不同,与主流意识形态处于对立的地位,他们会反对文本中的意义,进而进行相反的解读,然而,大多数观众对主流意识形态的态度也许是,既不与之保持一致,也不与之对立,而是在某些地方一直,在其他地方不一致。他们总体上接受主流意识形态,但却要对他进行修改或改变,为的是适应他们所处的特定环境的需要"[1]。媒介环境变化了,方法却更为奏效了,而且这种原本巧妙而隐秘的做法,在智媒生态下变得更为灵活和明显:人们主动通过短视频拍摄创作、视听内容(包括视听主流媒体生产的视听内容)二次编辑等,以平台流量的形式对主流收视率进行了颠覆。这成为新视听亚媒介文化的重要部分。

从相关研究来看,UGC共享了各种视听媒体平台90%以上的视听内容,但是从总的播放量来看,排名靠前的专业生成内容即PGC却占比90%。[2] 从UGC层面看,更多的用户是自发参与,通常以社交满足为主,并不追求极致商业化,表现出"草根"文化的特色,UGC与PGC的不同之处也反映了两者在视听文化构建时所发挥的不同作用:前者倾向于体现多元化群体价值观的视听亚文化,后者则倾向于体现社会主流价值观的视听主流文化。

第五节 视听媒体文化构建的突破

智媒生态下,视听主流媒体仍然是视听媒体文化的重要构建者、传播者,但如上所述,其主导力、构建力已经受到了各种视听因素的冲击和影响。作为一种"大体量"的视听组织存在,视听主流媒体要探寻构建新视听文化的新途径,实现进入"小体量"的融合转型,既要做宏大叙事的长视频,以适应在大

---

[1] 菲斯克:《电视文化》,祁阿红、张鲲译,商务印书馆,2005年版,第78—79页。
[2] 参见《2017年我国短视频行业内容生产模式分析》,http://free.chinabaogao.com/chuanmei/201709/092929D492017.html。

屏平台传播主流视听文化的需要，又要做好细分微型的短视频，来加强在小屏平台融合视听文化的渗透力。

一、做强短视频类的视听媒体文化

相对而言，长视频领域由于时长、推广资源等因素限制，必定要推送一些头部视听内容，但用户的分众、差异化都愈发明显，没有量身定做的推送化服务，就很难与之抗衡。因此，视听主流媒体还要做精悍有力的短视频，以适应多终端、小屏幕平台传播主流文化的需要，这种更容易形成契合多元化视听场景需要、满足不同用户的视听需求，鼓励更多的用户接触视听主流媒体的各种平台和内容。从当下和长远来看，提升媒体触达率是视听主流媒体提升主流文化构建中的影响力的关键环节对视听主流媒体而言，"酒香不怕巷子深"的关键在于"酒香"要飘出巷子来。

需要注意的一点是，《2022：媒介使用行为洞察报告》显示，尽管所有代际群体对短视频内容的消费需求都超过了长视频，但长视频并没有走向"没落"。超过40%的"95后"群体表示，他们每周观看长视频的时间与短视频相差无几。YouTube在长视频内容方面处于领先地位，82%的"95后"群体会将该平台作为浏览长视频的首选。[①] 两种视听在时间上的限制，导致在视听内容呈现重点和模式等方面有所差异，短平快的短视频适应了用户碎片化的视听文化需求，而长视频更在于用户时间精力充裕时的欣赏与消费。视听主流媒体在长视频制作上具有专业优势。但目前的视听生态环境下，人们面对着更多视听新内容的选择，在时间和精力一定的情况下，短视频对于用户视听文化消费需求的满足具有重要作用，形成的视听亚文化更为多样化，视听主流媒体还需在短视频上创新优化，引导整个视听文化的均衡发展。

二、构建平等包容的视听媒体文化

视听主流媒体转变思维是构建新视听文化的关键。通过对视听亚文化的包容，视听主流媒体关注用户聚合群体的视听亚文化指向，汲取其中的精华，嵌

---

① 腾讯媒体研究院：《2022：媒介使用行为洞察报告》，https://view.inews.qq.com/a/20220506A07I5A00。

入视听主流文化中，丰富视听主流文化。智媒生态下的视听传播，无论是用户生成内容（UGC）还是专业生成内容（PGC），都提供了一个平等交流、创新丰富的视听文化氛围。无论是生产者、传播者还是接收者，都以节点形象在平台上进行视听交流，通过短视频的参与和互动形成了低门槛、扁平化的技术文化观念，也形成了平等、沟通的媒介文化观念。由于诸如短视频的用户等多方参与，各种视听亚文化交互更为频繁，视听主流文化的内涵变得更为多元化，形式更具包容性。

但对用户来说，视听内容丰富多样，而时间精力有限，用户很难接触到大部分视听内容，或者说是没有机会和精力去接触。对视听主流媒体而言，真正的问题不是视听资源的稀缺，而是如何找到生产传播契合用户需求的视听内容，否则就是视听内容冗余或无效。

视听场景文化—视听亚文化—短视频文化实际上是一个不断缩小的视听媒体文化形成过程。短视频文化是视听亚文化的一种表现，而视听亚文化是视听场景文化的一种表现。依托于数字化、智能化等互联网技术的"算法"，这三种文化贯穿这一视听媒体文化生成链条，它突破了视听主流媒体由用户调查、内容调查等所获的模糊数据，依赖于智媒生态下新视听媒体文化形成的一个重要依据——视听算法。

通过大数据的算法，视听主流媒体、快手、抖音等都可以根据不同用户的视听需求推送定制化短视频，根据不同用户的视听喜好推送内容，增强用户的黏性。新视听媒体文化的中心在于与用户视听需求满足的契合度，视听内容的生产和传者多元化改变了点对面的传播模式，视听主流文化的传播不再由视听主流媒体的视听内容完全掌握，而是在包括视听主流媒体在内的不同视听节点的交互过程中相互影响，用户可以主动选择相应的话题或内容进行特定指向的交互，积极地采取行动影响视听主流文化，形成参与性视听文化。

在这一过程中，人们可以明显地看到边缘视听亚文化开始发挥影响，融入视听主流文化中，成为创新视听主流文化的重要部分。抖音数据报告显示，截至2022年2月，抖音日活跃用户数已经突破7亿。当前超7亿人都在抖音上创造短视频、观看短视频、传播短视频，聚合规模越来越大；而传统媒介平台的媒体触达率不断降低，不到3亿人在使用，因此，智媒生态下，视听主流媒体需要包容各种视听亚文化，贴近用户的视听需求，丰富主流视听文化的内涵，从而增加用户接触视听主流媒体的频率，提升主流视听文化的构建力、引导力和影响力。

三、整合碎片化的新视听媒体文化

面对各种碎片化的视听文化呈现，视听主流媒体需要提升自身的整合能力。随着信息技术发展，媒体融合的推进，以互联网为基本构架的新视听传播媒介，大量应用数字技术、网络技术、传输技术，强化了普通用户作为传播个体处理视听信息的能力。智媒生态下，碎片化成为新视听媒体文化的主要发展规律，是遍及所有新旧媒体平台最重要的趋势。这导致正在形成中的新视听媒体文化变得"肤浅"——并非贬义，而是面对海量视听信息的一种必然发展趋势——人们想获取更多的视听信息，但时间和精力是有限的和确定的，这就必然将观看的难度降低，我们称之为"浅"文化。在海量视听资源不断出新、不断膨胀的压力下，视听媒介文化丰盈变成了视听压力。这里借用苹果公司创始人乔布斯产品生产的"简洁"理念，用户对视听内容的要求是：简洁！简洁！再简洁！对视听主流媒体而言，这一简洁并非肤浅，而是大道至简，而简洁的关键在于视听价值的极致提取与智媒技术平台的完美契合。

新视听媒体的发展使人们都关注异质化的个体和群体如何对视听内容进行新的诠释、呈现和传播、扩散。尤其是运用各种数字媒介和App进行数字编码、数字编辑等——制作、传播的技术、经济等门槛和成本降低了，视听主流媒体对社会文化的影响方式发生了变化，至少其影响力受到很大挑战。当我们进一步分析这些视听内容时，就会发现并非所有的碎片化视听内容都受到欢迎，从网络直播到短视频，从网站视频到视听App，人们更倾向于关注如何有效地获取自己所需要的视听内容，作为一种参与性视听文化，凸显"我的"视听亚文化指向。

视听主流媒体对社会文化的形成具有浸润的作用，如学者舒德森所认为的，"它日复一日地成为文化领域的行动者，即扮演着意义、符号与讯息生产者或信使的角色"[①]。视听主流媒体首先要做的是提升用户的媒体触达率。我们在此处提及用户的媒体触达率，是想说明在视听内容稀缺的时代通过使用视

---

① 迈克尔·舒德森：《新闻社会学》，徐桂权译，华夏出版社，2010年版，第29页。

听主流媒体形成主流社会文化的认知，而在视听信息丰盈以至严重冗余的时代，更需要明确的视听导航。视听文化本身不是"一种权力，即可以对社会事件、行为、机构或过程进行归因的某种东西"，而是"一个语境，这个语境中的事物可被明白地描述"①。智媒生态下，随着视听媒体用户的碎片化，视听内容变得更为琐碎化。面对沉溺于此的用户，视听主流媒体更应关注用户对特定视听主流媒体的接触和使用行为，提升自身整合碎片化视听内容的能力，在"浅"文化中发挥主流价值文化的塑造能力。

四、适应社交化的新视听媒体文化

传统视听主流媒体在社交功能，尤其是移动性上比不上新视听媒体，不能满足用户普遍存在的交往需求。而新的视听媒体具有天生的社交倾向，形成了社交化的视听文化。社交是人们利用视听媒体的目的之一，人们通过围绕视听内容的相互交流来达到个体的社会化，实现社会地位的获取和更新。当下，包括视听主流媒体在内的传统媒体通过转向智能手机、平板电脑接入社交媒体端口，"增强用户的体验感、参与性，促使用户易于和乐于分享所获取的信息，注意实现新闻信息的二次或多次传播"②。社交需求是人们的基本需求之一，围绕视听内容进行交流的欲望和行为一直就没有停止过，否则就不会有"口碑效应""长尾现象""爆点理论"等，但这多是从商家的视角将用户看作消费者，而不是从视听文化构建的角度将其视为视听内容的生产者和传播者，而后一种视角更能体现出视听社交关系在视听文化构建中的影响和作用。

进一步而言，智媒生态下，新的视听媒体具有社交功能，短视频社交成为重要的方式之一，抖音制作分享成为用户更为看重的功能。国外 Instagram 目前虽然是"95 后"用户最常用的社交媒体平台，但随着短视频文化的风靡，这种情况可能会发生改变。自 2020 年第四季度以来，"95 后"用户对 TikTok 的每日参与度增长了 47%。③ 无论国内国外，视听社交化需求趋向明显。只有

---

① 转引自迈克尔·舒德森：《新闻社会学》，徐桂权译，华夏出版社，2010 年版，第 30 页。
② 许向东：《趋势、规范与本土化——移动传播时代数据新闻的生产实践研究》，《新闻爱好者》，2017 年第 12 期。
③ 腾讯媒体研究院：《2022 年 Z 世代群体研究报告》，https://new.qq.com/omn/20220421/20220421A02XHL00.html。

在社交中，视听内容才能显示其价值和意义，在用户间围绕视听内容生成、传播进行的社交互动过程中逐渐形成了丰富多元的视听亚文化。这不是以专家、精英的视听意见作为标准，而是根据用户彼此间社交互动逐渐形成起来的。它基于偏好聚合形成了对视听内容的特定意见指向，这不同于集体统一收视率，而是分散的个体在散碎的时间里进行社交行为的聚合，逐渐围绕不同的视听内容或同一视听内容的不同细节形成了特定的"圈子"。视听主流媒体需要促成这种社交圈子的形成，要提供更加便捷的技术和平台，帮助人们更好地进行社交活动。

总之，智媒生态下，视听主流媒体对视听文化的构建及产生影响的过程变得更为复杂：碎片化的视听内容，随时变动的视听资讯，多元化的用户视听需求，积极主动参与视听流程的用户，实时围绕视听需求发生的交互，聚合形成的视听亚文化群体，以及层出不穷的视听 App，视听内容变得更为丰盈而形成了"浅"文化等，都成为构建视听主流文化的重要因素。从而形成了不同的视听文化景观。视听主流媒体需要从新视听生态出发，发挥自身在整个视听文化格局中的引导作用。

第八章 视听主流媒体新技术应用发展趋势

视听主流媒体正在越来越主动地将新技术运用于新视听生态框架的基本建设中,本章集中探讨视听主流生态圈的构建、区块链技术和元宇宙在视听主流媒体中的应用等问题。

第一节 新型视听主流媒体生态圈构建[①]

当前,AI 和 5G 技术的发展成为下一个重要风口,视听新型主流媒体需要以此为契机,发挥政策优势、技术优势和规模优势,突破原有思维局限,形成普遍联系的生态发展观念,以智媒融合为前提,从平台价值聚合、搭建用户服务价值链、创新视听内容常态化三个层面出发,探索全面构建视听新型主流媒体生态圈的路径。

一、以 AI+5G 为驱动形成视听价值聚合平台

2017 年 7 月国务院印发《新一代人工智能发展规划的通知》,其中提出要推进大数据智能、跨媒体智能等系统建设。中央媒体、省级媒体与国内科技巨头都积极布局人工智能创新研究,推出"媒体大脑"、聊天机器人项目、视听主流媒体与人工智能实验室等。AI 和 5G 技术成为视听新型主流媒体生态圈

---

① 本部分内容曾以《新型广电主流媒体生态圈构建的途径与策略》为题,发表于《现代视听》2019 年年第 7 期,此次出版时有修改。

的主要推动力，形成价值新聚合平台是构建视听新型主流媒体生态圈的前提。

（一）积极运用 AI 技术实现视听价值聚合

习近平总书记在 2018 年两院院士大会上的重要讲话中指出："我们要把握数字化、网络化、智能化融合发展的契机，以信息化、智能化为杠杆培育新动能。"[①] 在新型主流媒体生态圈中，视听主流媒体应以数字化、网络化和智能化实现视听内容的生产、传播和效果评估，同时在线智能关联，并能实时进行反馈。智能微传感器、算法正在不断地聚合为开放、共享和智能化的新媒体生态。VR、智能聊天机器人、大数据分析模型等成为新型主流媒体的重要呈现工具和分析工具。

视听新型主流媒体的生态圈，逐渐改变媒体专业人员为单一核心主导的模式，依托各类智能机器（如聊天机器人等）或智能化载体（如智能制作编播平台系统等），搭建人、物、环境三者融合的平台。视听主流媒体对智能技术及设备的恰当运用，可以更好地提升视听信息传播的有效性。在这一过程中，"用户也被纳入价值共创环节，媒体通过与用户的深度交流向用户提供个性化、精确化的产品和服务"[②]，AI 技术设备运用使得智能媒介终端可以与视听主流媒体、用户、专家等多种主体协同创新，实现视听主流媒体新的信息生产、分发、流通及盈利等运行模式。与此同时，视听主流媒体通过智能算法的开发和运用，对用户的媒体接触种类、时长、偏好等数据进行汇总和分析，从而形成更为智能化的推荐模式，不断优化与用户个性化特征的匹配度。

（二）主动开发 AI 技术升级聚合视听价值

新型视听主流媒体不是一家独大，而是不断地形成多种联系，共同发展。截至目前，主要的 AI 技术都是由互联网公司企业开发的，并在视听格局中占据了重要的位置。字节跳动凭借互联网形成了自己的一系列视听产品。视听主流媒体具有自己的开发优势，问题在于如何将这种优势转化为实际的开发能

[①] 徐宗本：《数字化　网络化　智能化：把握新一代信息技术的聚焦点》，2019－03－01，http://m.people.cn/n4/2019/0301/c3351－12392954.html。

[②] 严三九：《融合生态、价值共创与深度赋能——未来媒体发展的核心逻辑》，《新闻与传播研究》，2019 年第 6 期。

力。AI 和 5G 技术并非垄断性和封闭性的技术，相反，它恰恰需要多种力量共同作用。不仅仅是识别用户、发现用户需求，并能智能匹配用户内容，更重要的是主动生成用户、创新需求并能智能匹配供给，以引领视听需求。

换言之，视听新型主流媒体应该通过开发智能识别技术，发掘多元化的用户，感应多种场景需求，分析用户数据，发现已有视听需求，并引导用户的视听需求，主动创造视听内容的价值。AI 技术进入视听信息的采集、生产、分发、接收、反馈等环节，尤其是移动智能化视听成为渗透率最高的服务。但目前来看，抖音、快手成为嵌入人们日常生活中的重要视听应用，却还没有一家视听主流媒体能够开发出类似抖音、快手这样的视听应用，形成自身特有的视听传播应用。智能化媒体生态圈中，视听主流媒体若是不能主动地开发创新各种视听应用智能技术，那很难摆脱被动应对的局面，不能主导整个生态圈的平衡状态。这需要从思维、技术、用户、产品、业态及机制体制等方面全面推进，形成智能视听及应用技术开发的良性生态。

（三）以"5G＋"聚合新视听价值

5G 打破了原有的流量限制，直接将收视率转化为流量的涌入。它可以将源于广电专业生产的内容，从传统的电视机、收音机中转移出来，扩展到智能终端设备，尤其是移动化、便携式的智能终端，推动广电作为主流新型媒体不断适应场景化的视听消费需求，从而实现对周围环境的感应、认知，凸显出视听内容特有的价值。5G 大大降低了视听传播的延迟性，配以 VR（虚拟现实）、AR（增强现实）和 MR（混合现实），使沉浸化视听传播成为价值聚合点。与此同时，数据交流技术的进步，使人机交互的真实度不断逼近真实世界中人与真实世界的交互。这一技术涉及的人在身体、感知、情感、文化等方面的内容，在深度和广度上都将远远超过现有的人机交互阶段。例如，使用智能手机的地面特征定位技术、动作识别技术可用于沉浸式游戏；语音识别技术可用于家用电器自动化及声纹加密等方向。[1] 视听新型主流媒体需要摆脱单一信息生产传播者的角色限制，以"5G＋"全面融入人们的日常生活，成为整个泛智能生态体系的有机组成部分，为用户发展聚合新价值。

---

[1] 许志强、刘思明：《数字媒体演变及未来媒体生态系统探析》，《科技传播》，2019 年第 1 期。

人们从信息稀缺的时代进入信息爆炸、冗余的时代，信息的价值从数量转向了质量，契合场景的信息变得更为重要。视听主流媒体通过大数据、云计算、感应技术、智能物联等技术，智能识别用户的长期需求、短期需求、个性化需求和普遍化需求，并运用 AI 技术提升用户体验。5G 技术用速度和流量改变着传播的广度、向度和频度，形成了价值聚合的重要驱动力。尤其是 5G 对 3G、4G 的提升不仅仅体现在传输速率上，同时还带来了低时延的可靠性和更大容量的海量连接。凭借 AI 和 5G 技术，我国实现了"社交平台＋媒体"的升级，使各种视听内容的传播更具实时可控性、实时反馈性。而这种实时可控性，得益于流量流向、数量和质量的可控性，从纯粹流量红利，转向流量存量，体现用户关联、信息融合、视听体验开掘、内容生产与分发等多种价值聚合。

（四）以 5G 全景创新视听价值聚合

与传统静态传播生态圈不同，新型视听主流媒体生态圈体现了移动传播的本质是基于全景的服务，即对多种介质场景连接与聚合感知，及视听信息的适配服务。胡正荣曾指出，"Web3.0 是场景细分的时代，以场景、细分和垂直、个性化服务为特征"①，而当下泛智能化场景不再是割裂的存在，而是多种场景普遍联系，是媒体触达、视听效果、用户体验的快速匹配聚合。对视听主流媒体而言，建立新型主流媒体生态的最大难题不是技术的运用，而是一种新的视听传播文化的形成。5G 进一步突破时空限制，资源共享、生态共生、互利共赢、融通发展的全景媒体生态圈正在形成中。视听主流媒体需要从 5G 技术出发，进行多智能终端形态研发，全面引导用户、家庭、行业各领域加快推出创新终端，为 5G 与各行业融通发展做好终端准备，突破原有"屏"限制，随时呈现、随时播放，个性体验，聚合新价值。

视听价值来源于恰当的视听服务，开通便捷的 5G 场景服务。在 2019 年 6 月 25 日以"5G＋共赢未来"为主题的中国移动"5G＋"发布会上，中国移动董事长杨杰指出，2019 年中国移动在全国范围内建设超过 5 万个 5G 基站，在超过 50 个城市实现 5G 商用服务；2020 年，进一步扩大网络覆盖范围，在全

---

① 胡正荣：《移动互联时代传统媒体的融合战略》，《传媒评论》，2015 年第 4 期。

国所有地级以上城市城区提供 5G 商用服务。① 与此同时，7 月 15 日华为提出在 8 月推出"具备电视功能的大屏产品"定位的新产品"智慧屏"，践行其"我们做的不是电视，而是电视的未来"这一理念。② 视听主流媒体构建新型主流媒体，不能局限于原有的领域，而应搭乘 5G 技术，与人工智能、物联网、云计算、大数据、区块链等新兴信息技术深度融合、系统创新，打造以视听主流媒体为中心的泛在智能基础设施，提升 5G 智能融合服务能力、云网融合服务能力、大数据服务能力等，加速 5G 和 AI 各领域的相互融通、深度融合，充分发挥乘数效应，更好地服务各行各业的高质量发展。构建视听新型主流媒体生态圈，不能只满足于做视听内容的生产者和传播者的角色，而应定位于以用户服务为核心的视听提供者和运营者，泛智能生态的组织者和建设者。

二、以服务用户为核心建立智能化视听价值链

用户是生态圈的出发点和归宿点，围绕用户服务构建智能化的价值链，不断推动视听产品的升级，更契合用户日常信息消费习惯。这需要基于 AI 和 5G 技术，构建新型视听主流媒体生态圈。

（一）形成新型视听价值链

从收视率指标转向点击率、转发量、话题量等多种指标，以效率效益提升为目标，以数据为驱动，贯穿智能传播技术研发、视听内容生成、视听内容供应链、市场与销售四大核心业务线，实现从视听内容生产型媒体向视听内容服务型媒体发展，形成新型的视听价值链，这是新型视听主流媒体的重要经济支撑。没有良好的盈利模式，就难以形成持久的发展活力。媒体的价值创造是通过一系列视听生产、传播等活动构成的，这些活动涵盖设计、生产、传播、消费及服务等，构成了一个创造价值的动态过程。

广电构建新型主流媒体生态圈，必然需要突破原有的价值链，形成以 AI 和 5G 技术为驱动的新型价值链，瞄准多元用户的视听需求，以数据分析为依据，以场景契合为目标，形成普遍化的视听需求。学者彭兰曾提出用户平台的

---

① 参见中国产业经济信息网，http://www.cinic.org.cn/hy/tx/554633.html。
② 曹亦卿：《荣耀入局电视，是门徒还是鲶鱼？》，https://www.iyiou.com/p/106047.html。

重构、新闻生产系统的重构、新闻分发平台的延展与重构、信息终端与生态的重构等设想。① 随着 AI 和 5G 技术的发展，对新型视听主流媒体而言，这一系列重构过程具有彻底颠覆性的条件和迫切性。从视听产品的设计、开发、生产到呈现与扩散等都要突破同质化、大众化的价值链思维，从异质化、个性化的角度提升视听内容的精准度和有效性，为用户提供最佳的视听体验，增强用户对媒体的依赖度和忠诚度。

（二）促进视听产品升级

以用户愉悦体验为目标，重点突出场景化、智能化、互联化、共享化，打造极致梦幻、令人尖叫的视听产品。新型视听主流媒体要以服务为核心，为用户提供极致的视听体验。视听产品不再仅仅局限于单一渠道的播放，而是在多元媒体平台上的共同效果聚合。在智能时代，视听内容仍然是关键，缺少了视听内容，再好的技术也不过是空壳。在新型主流媒体生态圈中，视听主流媒体提供了更有价值的视听内容，但大多被新媒体实现流量变现。视听主流媒体需要"通过要素重组和技术升级寻求生产可能性边界向外扩张的新'突破'，最终实现旧动能转换新动能的整体进化"②，从而实现视听产品的流量变现升级，化产品优势为生态圈发展的驱动力。

广电构建新型主流媒体，需要突破原有的视听产品生产的限制，生产多元化的视听内容，制作多样化的视听产品，尤其是流媒体产品，形成以流量为标准的产品形式。这需要视听主流媒体突破原有的单一平台视听产品的限制，实现视听产品生产的贯通性。如 2019 年 2 月"全国县级融媒体智慧平台"正式上线，许多省级媒体也开始推进县级媒体融合发展。江苏广电打通各市区广电网络，汇聚全省上百个新闻用户端信息资源，打造"荔枝云"省级移动用户端。视听产品已经不仅仅局限于在特定的平台上呈现，而且勾连互动，形成了多平台生产、聚合的传播生态。对视听主流媒体而言，视听产品的升级既不是传统意义上的视听内容生产，也不是信息内容的简单聚合，而是更契合 AI 和 5G 技术的平台定位升级，视听产品具有了智能联通、情感契合等人性化功能。

---

① 彭兰：《泛传播时代的传媒业及传媒生态》，《新闻论坛》，2017 年第 6 期。
② 卜彦芳、董紫薇：《调适与突破：新型主流媒体生态位经营新策略》，《青年记者》，2019 年第 10 期。

（三）搭建用户视听新生态

视听主流媒体以创造价值为目标，构建用户、媒体、生活生态圈，延伸产业链，构建新视听生态。新型主流媒体首先要基于用户关联创造视听价值，以用户为中心，建立SCRM[①]，统一会员管理，统一服务管理，统一活动管理，开发运用多种App、微信、微博、新闻客户端等，提供全天候24小时视听信息服务，着力打造全面、真实、透明、共享的数字化管理平台，充分开掘融媒体中心的用户资源、视听信息资源的聚合潜力，提升用户决策效率。

基于互联网、大数据、人工智能，以及通过与用户相关联的视听内容生产线的自动化、定制化、柔性化，驱动管理变革，实现C2M[②]媒体内容个性化定制，从大批量标准化制造向个性化制造转变，建立用户"视听订单"的生产模式，贯通全流程及供应链协同，满足用户个性化定制需求。定制化视听内容生产不同于批量个性化生成模式，而是运用AI识别和5G网络技术，通过聚合用户媒体接触、视听内容消费、用户关联场景等数据，将用户实时情境与视听需求等反馈给内容生产者，以便形成精准的视听内容。

以用户为中心的生态圈，应围绕用户的关键需求和痛点，提供智能云服务，打造新视听生态商业模式，创造视听价值，分享视听价值，推进视听新型主流媒体向"产品＋服务＋场景"模式转型，构建以新型视听主流媒体为中心的泛智能化新生态。

三、以视听内容生产为基础构建智能化创新机制

新型视听主流媒体生态圈的基础是视听内容，尤其是原创性的高质量视听内容。"未来传播生态环境中之全媒体发展，需要的是主流传播力、舆论影响力、品牌辐射力的融合与塑造。"[③] 视听主流媒体以视听服务为核心，实现价值的提升。AI带来视听传播的不同体验，从内容的生成、传播到消费，体现

---

① SCRM是社会关系管理的简称，即Social Customer Relationship Management。
② C2M是用户直连制造的简称，即Customer-to-Manufacturer，是一种新型的工业互联网电子商务的商业模式，又被称为"短路经济"。
③ 严三九：《技术、生态、规范：媒体融合的关键要素》，《人民论坛·学术前沿》，2019年第2期。

出更多的个性化特征，视听内容生产的背后是人的视听需求和内容流动的变化，体现了广泛的关系连接和内容全景聚合。

（一）弘扬社会主旋律视听内容是关键

媒体技术的更迭与变迁不会改变人们对新闻品质的基本要求——真实、客观、全面、公正，作为新型视听主流媒体，弘扬社会主旋律，传播社会主流思想，是其应有的职责担当。在多元选择、多元表达的媒介环境中，主流媒体的声音难以进入公众信息消费的"最后一公里"，在一定程度上面临着被"边缘化"的挑战[1]，问题的关键在于如何把视听内容做好，更能有助于用户的接受和理解。用户看到的视听报道不再是线性的，而是即时、密集的，各种"微传播"嵌入原有的"宏传播"中[2]，改变了原有的意义及价值构建的一致性，促使多向发展成为常态。对新型主流媒体生态而言，好的出发点未必能够产生好的视听效果。用户越来越具有碎片化的视听注意力，而对较长时长的视听内容缺乏足够的耐心。这就需要视听主流媒体在主旋律内容的呈现上化整为零，多点次、多平台、短时长进行呈现，进一步生产具有高带入感、高质量、以体验为中心的视听内容。主旋律的契合是构建视听新型主流媒体生态圈的基础，也是生态圈协调发展的主干，它使各种视听内容的生成和扩散有了标杆和依据。

（二）反映亚文化群体视听内容是重点

对视听主流媒体而言，亚群体是因为某种生活形态或审美偏好而聚合起来的群体，通常对特定的视听内容进行消费。智媒时代，人们碎片化的视听偏好得以聚合起来，形成新的视听文化聚合族群，如此广电内容生产和传播更具针对性，通过更加精细化的生产挖掘，更好地提供满足个性化需求的产品或服务，从而形成良性的盈利模式。智媒时代，大数据分析、智能算法推荐应对亚文化群体的多边性和流动性，体现了多元化的视听生产和需求。视听主流媒体面对亚群体感性消费和偶像崇拜的倾向，应主动关注其巨大的传播力，有意识地引导各种亚视听群体的形成，并能动地挖掘视听需求，满足视听需求，向智

---

[1] 王斌、张雪：《新型主流媒体影响力建设的内容生产路径》，《新闻战线》，2019年第6期。
[2] 高宪春：《智媒时代构建主流媒体的"微"着力点》，《中国记者》，2019年第6期。

能地创造视听需求、引导视听需求转变，充分发挥亚群体的"蒲公英效应"，从而产生广泛的价值影响。亚群体的视听偏好和视听交互引导与满足，对做好新主流媒体生态圈活跃度的维持和提升至关重要。

（三）反映社会的多元化视听内容是常态

关注多元化议题，新型主流媒体应关注更多元化的视听需求，突破原有固定的规模生产模式，关注多元化的价值认同存在。新型视听主流媒体引导社会议题，是生态圈的重要职责。这需要视听主流媒体打破原有的大众和小众的界限，转而形成多个话题栏目和频道，信息和热点话题在媒体生态圈中的传播力不容小觑，无论是严肃的话题还是轻松话题，都可以在亚文化群体中被大量传播。这并非一种主题方式的传播，而是灵活多样的多主题交流，不一定是标准统一的说教，更多是无序随意的互动。越是敏感重要的信息，话题越呈现多样性。在这一过程中，乌合之众的网络传播是没有任何价值的，只有在视听主流媒体的主动介入和引导下，以多向话题交互，促成价值认同感，才能真正体现出其在生态圈中的影响力和引导力。在新的视听媒体生态中，新型视听主流媒体应该跳出传统的内容逻辑，从单纯的以内容为王，转向以话题引导服务为主，形成智能化的信息聚合，在交流互动中，打造黏度极强的多议题平台。视听主流媒体仍然是重要的话题提供者和传播者，但是不再具有垄断性，而是生态圈中打通群体、社交和话题的重要一环。通过多元化议题促成生态圈的活跃度，一方面可以为视听主流媒体提供更多的盈利空间——关注即为流量，另一方面也为视听主流媒体引导舆论打下基础。多向是常态，同一是非常态，在多元化议题的交流中，新型视听主流媒体生态圈才有了鲜活的生命。

总之，在智能时代，视听主流媒体应基于AI和5G为中心的信息聚合平台，形成以用户服务为核心的智能化价值链，从产业发展的逻辑出发，整合上下游的生态资源，重新确定新型视听主流媒体的定位，立足整个行业，以互联网电视、智能手机及其他智能终端为连接点，整合广电行业的各种资源，与互联网公司合作开发智能软件，促进信息在人与人、人与媒体、媒体与媒体之间的传播，运用大数据分析，突出移动优先，进行全程媒体建设，关注用户情感关联，实现AI与5G技术与视听主流媒体的融合发展，构建新型视听主流媒体生态圈。

第二节　基于区块链技术的视听主流媒体应用趋势[①]

当前，区块链（Blockchain）技术渗透了智能媒体生态，促使视听主流媒体融合转型深入发展。视听主流媒体可以充分利用区块链技术带来的变革，从优化视听应用场景、再造视听内容生产流程、构建媒体与受众互信共识机制、引导社会热点议题、搭建信息价值传递平台等方面入手，实现视听体验升级。

一、优化视听应用场景

运用区块链技术使优化视听应用场景更具自洽性，是提升视听体验的重点。

（一）以智能自适应性优化应用场景

智能移动终端日益普及，不断升级，受众多样性和高质量视听业务需求持续上升，而当前5G无线网络技术的运用，解决了受众多场景下的网络资源分配问题。视听主流媒体可以利用区块链技术以点对点的分布式协议实现各种视听空间的共享，融合公有区块链（Public blockchains）、私有区块链（Private blockchains）和联盟区块链（Consortium blockchains），利用区块链技术的匿名性和加密特性，分析区块链中各个节点数量、重复率、链接关系的变化，敏锐感知周围环境和受众需求，从而充分利用技术优化信息数据处理，形成局部自适应算法，以智能合约为受众提供契合场景需要的视听内容，有效提高资源利用率和受众整体视听体验质量。视听主流媒体运用区块链技术的自适应性，满足了特定受众多场景视听内容的需求。

（二）以智能自测性优化视听应用场景

随着智能移动互联网络的发展，受众视听应用场景进一步被细分为静态场

[①] 本部分内容曾以《技术先行 体验为本：基于区块链技术的广电媒体应用趋势分析》为题，发表于《电视研究》2020年年第2期，此次出版时有修改。

景和动态场景。前者是基于受众日常固定的视听信息需求，进行受众画像，进而形成算法定时推荐给受众；后者是基于受众非常规的偶发性视听需求，从三维重建、对象识别和分类、图像配准等方面，联动 VR（虚拟现实）、AR（增强现实）、MR（混合现实）技术，提供符合受众对逼真现实需求的视听内容。就技术而言，区块链可以进一步为视听主流媒体自动检测动态场景下受众的视听需求，基于内容标记、LBS（地理位置服务）等动态场景理解，为提升视听主流媒体和受众场景的契合度提供了重要支撑。这可借助机器人技术，批量生产内容，自动化建构社交网络，执行特定内容扩散，甚至还有一定的情绪表达[1]。视听主流媒体和受众可通过区块链智能合约的自测性，实现有效视听场景契合，不再是算法猜测推荐。

（三）以智能自组织性优化视听应用场景

区块链技术以生产关系的变革，深度影响视听主流媒体的应用场景：参与者数量越多、身份越多样化，越能激活视听主流媒体自身，在网络传播中作为关键节点的杠杆作用，形成更多链接、更开放的视听系统，并帮助扩展场景的多样互通和形态的灵活多变。视听主流媒体改变传统的中介观念，可以通过区块链技术，直接和受众联系起来，一方面保持视听主流媒体对分布式数据库各节点认知的连贯性和持续性，另一方面针对特定受众提供即时验证，可以追溯和无法屏蔽的视听信息，并以数字货币（代币）的形式，对场景应用提供奖励，从而进一步激发对场景应用的维护和创新。

（四）以智能共识性优化视听应用场景

在区块链中，视听主流媒体可以根据共识机制自动确定各种场景的可能性，而避免传统的主观判断，以智能共识合约增加场景框架创新的频率，实现视听资源的高强度聚合，以适应受众视听需求的多元性和易变性。通过区块链技术组合各种视听信息，以三维信息可视化方式，为受众提供真实场景体验，改变以往文字、图片和二维视频的割裂感，真正融入事件场景之中，优化视听

---

[1] 张洪忠、段泽宁、韩秀：《异类还是共生：社交媒体中的社交机器人研究路径探讨》，《新闻界》，2019年第2期。

应用场景。

二、再造视听内容生产流程

运用区块链技术强制视听内容生产流程再造，是提升受众视听体验的关键。

（一）促成视听内容生产主体多元化

传统视听生产由记者和编辑等少数人集中专业把关，即由少数专业人士决定多数人观看什么视听内容。随着互联网技术的应用普及，OGC（组织生成内容）、PGC（精英生成内容）、UGC（用户生成内容）和MGC（机器人生成内容）交融发展。区块链技术是以互联网、人工智能、物联网、云计算、大数据等现有技术为依托，加以创新组合，从根本上强制再造了视听内容生产的流程，初步形成了分布式新闻、传感器新闻、临场新闻等新的视听内容生产形式。

（二）强化视听内容分布协同式生产

对视听主流媒体而言，区块链技术实际上提供了一个包括视频、音频、图像、文字等丰富资源的分布式视听内容数据库。作为数字资产，视听内容生产成为在共识机制下由区块链中的各个节点平等参与共建、维护的成果。诸如新闻报道任务的分配与报道过程可以实现有效协同。区块链各节点在自组织模式下共同参与某一话题报道，自发进行资源发现和信息整合变得常规化。

（三）联动视听内容生产环节溯源性

在区块链中，视听主流媒体的视听信息素材来自按照时间顺序不断丰富的数据库，通过随机匿名审稿人对视听内容进行审核。原始稿件、修改节点、审稿人意见和受众评论等，都得到相应记录，且不可篡改。而顺着整个视听内容的流动扩散链条，视听主流媒体能够了解视听内容的实际传播范围和可能产生的影响力，将之与各参与节点主体的绩效考核相关联，通过区块链的信息来源追溯功能，可以对视听内容生产环节产生联动效应，进一步提升生产者视听内容制作、审核、发表、维护的积极性。

（四）协同视听内容生产智能合约

视听主流媒体可以运用区块链技术，将 OGC、PGC、UGC、MGC 的各主体系统协同起来，以智能合约促成视听内容生产"分散—聚合"的发展方向，视听内容生产流程进一步再造为专业媒体与受众、群体、机器人等按照智能合约主动参与的自组织流程。智能合约具有数据公开透明、内容不可篡改、合约永久运行、数据管理自动化等特征。因此，在这一过程中，区块链技术使得视听主流媒体不仅可以考虑一对一的各种组合，而且要考虑更大范畴的广泛连接对信息获取、内容审核、受众评论等方面的影响。与此同时，借助"比特币"的概念，根据视听生产过流程不可篡改的数据记录，可以给予参与者数字币的奖励，强化新闻记者、审核者等参与者的获得感和成就感，以智能合约自动执行，增强视听主流媒体与受众之间的直接关联。

三、构建媒体与受众互信共识机制

运用区块链技术构建互信共识机制，是提升视听体验的核心。

（一）实现时间戳信任的唯一性

区块链技术具有信息扩散的"时间戳"功能，视听主流媒体所有的新闻报道、受众反馈及细节修改都具有透明性和可追溯性，按照时间顺序进行记录且不可篡改。视听主流媒体通过"分散—聚合"模式，将区块链的各节点联系起来，媒体、记者和受众等不同的主体都可以核实视听内容的真实性、准确性和时效性；虚假信息对媒体和记者都是有账（时间戳数据链）可查的，任何环节上的纰漏都会影响到媒体、记者与受众之间的信任。"Userfeeds 让假新闻上不了头条，PressCoin 实现了内容质量决定收入"[1]，Userfeeds 和 PressCoin 两家国外媒体，运用时间戳功能，消除虚假新闻，提升高质量的内容在传播流中的影响，体现了区块链技术时间戳功能的有效性。

---

[1] 吴果中、李泰儒：《用区块链技术打击虚假新闻——Userfeeds 与 PressCoin 模式介绍》，《新闻战线》，2018 年第 13 期。

（二）促成去中心信任的多元性

视听主流媒体在运用区块链技术构建新的生产关系过程中，"去中心信任化"改变了其作为信息唯一中心因素的影响，媒体—受众的二元传播关系转变为受众—媒体—受众的多元互动关系，每个节点都可以成为信息传播的中心，即"分布式中心信任化"。而区块链技术将"分散的中心"通过信息共享、信息透明、信息溯源等联系在了一起，从而构建整个信息互信共识机制。视听主流媒体必须遵循去中心化协议，在信任中心多元化中，通过时间戳和区块链的唯一签名，避免信息数据的随意更改和伪造，从而在去中心信任多元性的格局中实现信息链数据的可信性。

（三）确保整体内容信任的可靠性

基于区块链技术，视听主流媒体正在面临由传统的权威信息发布，向媒体、撰稿者、审核者、受众在代码、算法和规则上达成共识转变。内容记录只有超过整个区块链网络半数节点才可以更改，所要耗费的能量惊人，通常难以完成对真实信息记录的篡改。而在互联互信过程中，基于匿名性、共享性、加密性、追溯性，任一媒体、任一撰稿人、任一审核者、任一受众，在信息传播过程中的任一环节对数据信息的篡改或错位使用，都不会对整个传播系统产生实际影响，去中心化的分布式新闻使得每个人都在区块链上以自组织的形式形成和维护可靠的信息数据库。

（四）发挥技术信任的客观性

区块链技术承载可信数据链条聚合，实际上保证了信息的信任度，打造了可信任数字社会新型基础，极大提高了虚假信息的成本。重要的是，这一过程不需要长期信任的累积，而是通过智能合约，满足条件后，由计算机自动执行程序的。在自组织形成的智能合约中，客观的机器信任替代了主观的主体信任，这在很大程度上推动视听主流媒体以技术判断替代主观判断，用技术记录解决难以溯源的问题。精简信息传播的环节，创作者和受众直接联系的扁平化结构，强化了彼此利益联系，促成新的互信共识的达成。

四、引导社会热点议题

这是运用区块链技术，提升视听体验的重要功能体现。

（一）形成信息流动智能多向性

传统媒体环境下，传播技术鼓励一个自上而下的中心化传播体系构建，以保证信息资源的高效运转，媒体实际上担当了社会热点议题设置和引导者的角色，受众可以最大限度地得到关于周围环境的有效认知。在区块链技术下，成千上万的智能终端形成了至少千百万节点的网络集群，在多种主体节点互动的过程中，实现了系统信息的横向流动、向内流动、向外流动、相互流动，而不仅仅是由系统中心向下流动。

（二）触发社会热点议题自获性

区块链可以促使新闻报道中各主体互相监督，从具体情境出发，在实时或者接近实时的数据信息中，自发引导热点议题。视听主流媒体作为信息传播的专业节点，在热点议题的获取、引导上具有重要的作用——在区块链技术网络中，代码、算法标准和规则是促成智能合约自动执行的条件。当信息传播系统的控制权由中心分散到了最底层及最外围时，依赖智能合约，可在充满冗余信息的环境中，实时形成最为有效的热点议题引导，从而保证整个信息传播系统的正常运行。区块链鼓励受众的广泛参与，促使传播话题种类多元化和话题专门化，遵循"技术—信息"法则，通过无处不在的网络互动和由此产生的数据流，以动态性、自适应性、智能性对事件进行分析，确定话题，不断自我强化，共同作用于特定议题。

（三）强化热点议题引导

视听主流媒体可以利用区块链技术搭建一个分布式、集群化的智能化热点议题系统，在点对点传播的网络上，让千百万级别的节点受众进行互动，以最大数量的连接，把对话的范围尽可能扩大，形成不同的区块链，"扩展底层力量的能力范围会比关注顶层的作用获得更丰厚的收益"[①]。基于区块链技术形成的分权式和自治式网络,更加凸显视听主流媒体在社会热点议题的感知和引导方面的重要性,因为分散的、去中心化的、日益嘈杂、信息数据爆炸的网络,更需要视听主流媒体进行议题呈现与引导。无数分散节点连接而成的网络形成的集群力量,则需要来自顶层的引导和指点,才能充分发挥其效能。

(四)发挥中央交互数据可得性

区块链是将数据块按顺序组合形成的一种链式数据结构,这就为视听主流媒体梳理热点议题提供了丰富的数据,在分散的个体看来这是一个庞大的数据量,但对于视听主流媒体而言,则可以发挥中央交互系统的功能,进行大数据的有效分析,从而克服个别节点的低效率问题。视听主流媒体可以充分利用区块链技术,采用区块链"分散—聚合"的数据模式,锁定网络中微小议题隐含的发展趋向,自动调节、自主优化热点议题的引导,及时捕捉到社会的"痛点",及时回应社会的视听需求,减少延误。尤其是发生突发事件的时候,围绕热点议题,各节点相互连接,视听主流媒体应成为议题引导的关键节点。

五、搭建信息价值传递平台

区块链技术进一步强化了视听主流媒体搭建信息价值传递平台、提升视听体验的重要发展定位。

(一)促使价值链向价值网转移

区块链本身就是一个超级平台。对视听主流媒体而言,区块链技术价值体现在四个方面:确保数据采集的真实性,纠正报道者的刻板印象和"媒介的偏向";确保报道的安全性,抵御政治和技术力量的干预;准确跟踪内容流向,保护内容版权;利用虚拟货币获得新的众筹商业模式。[②]这颠覆了传统价值链,组成区块链的每一节点可以具有独立价值,并以分布式应用(DAPP),

---

[①] 凯文·凯利:《新经济 新规则》,刘仲涛、康欣叶、侯煜译,电子工业出版社,2014年版,第16页。

[②] 参见 https://hackernoon.com/is-blockchain-the-future-ofjournalism-and-storytelling-6b462be3a060.

嵌入整个视听传播网络，为整个区块链价值增值，从而促成从价值链到价值网的转移。因此，视听主流媒体应主动转变，关注的重心从媒体价值最大化转移到信息价值传递最大化，充分利用区块链技术，搭建信息价值传递创新的平台，在急速变化而需求多元化的信息环境中，承担视听业务运营者和区块链视听服务提供者等多角色。

（二）维护价值传递唯一性

区块链促使视听主流媒体从信息互联网平台向价值互联网平台转变，确保各节点平等交互，确保价值交换的唯一性。视听主流媒体信息价值传递平台需要建立在合理性的算法基础之上，确保智能合约的公正，其实质是做好算法共识的设计。"好的设计，并不是说每一个环节都要设计得棒棒的，而是所有设计的匹配要刚刚好。"① 当视听主流媒体区块链视听平台的视听资讯产生后，可以受到区块链中各节点的匿名评估，并在传递扩散过程中被记录，自动执行智能合约和代币奖励，实现信息价值传递。这与传统意义上的网络传播数据收集推荐过程不同，它基于区块链各节点主动而直接的互动实现，具有价值私密性和价值唯一性。

（三）增加价值传递溢出效应

价值唯一性不是说价值不变，而是区块链各节点共识的确定性。视听主流媒体需要利用区块链技术，构建一个覆盖全域的、点对点的分布式超媒体分发协议，用于信息广播、数字签名、智能合约、作品交易、账户管理、去中心社交的视听业务辅助系统平台的构建②。建立开放的系统平台，在为受众提供信息价值的同时，也使平台参与者在传递过程中有机会平等地发布作品、获得收益，受众也可以通过节点关系连接，介入视听内容的再创新过程。区块链技术的全域分布式应用维度，意味着视听内容的创新得以在全世界范围内迅速传播，信息价值在传播的过程中，保证其真实性的同时，不断地实现视听信息价值的溢出效应。区块链技术将这种价值传递进行了实时有效的经济代币量化，

---

① 任仲文：《区块链——领导干部读本》，人民出版社，2018年版，第50页。
② 付红安：《技术与制度：区块链新闻平台的网络法规制》，《新闻界》，2019年第5期。

使得信息价值可以穿过区块链中地位平等的不同节点，实现价值创新。

（四）达成价值传递协同性

在信息价值传递平台上，视听主流媒体遵守区块链信任共识，以"一个人的获益以其他所有人的获益作为前提"①，使得各节点与链接相互约束来确保价值传递的唯一性和可靠性。作为更聪明的关系技术，区块链将视听主流媒体、记者与受众等主体在平台上更紧密地联系在一起，通过每一次的互动，明确定义信息价值传递带来的后果，以"分布式记账"确保平台信息价值的可靠性。在协同过滤过程中，细碎信息的价值被聚合、激活，视听主流媒体作为区块链中的交互节点，搭建信息价值传递平台，体现了价值对等功能。在区块链中，根据智能合约，一个链接意味着一个信息价值信任的形成。随着在平台上交互的次数、时长和频率不断增加，各主体之间的协同关系和信任也不断加深，从而使代币分配系统或者类似播种机的算法机制、信息价值传递共识算法等得以确认，延伸了视听主流媒体视听内容的价值范畴，也使报道的形式和内容创新更趋于多样化，鼓励记者和受众等在智能合约约束下，支持信息价值的唯一性和可靠性，以稳固视听主流媒体自身视听商业生态。

目前，区块链技术在视听主流媒体中的应用还处于起步阶段。面对区块链带来的变革性影响，如当代计算机芯片的发明人之一卡佛·米德所说，我们应该听听技术的话，去探寻它试图告诉我们的信息②。视听主流媒体应在实际应用中，从应用场景、生产流程再造、信任共识、热点引导、价值平台构建等方面入手，布局视听主流媒体构建，将区块链技术与 AI、IOT、BigData 等技术深度融合，组合创新，提升受众的视听体验。

---

① 喻国明：《区块链变革与主流媒介的角色与担当》，《新闻与写作》，2018 年第 9 期。
② 凯文·凯利：《新经济，新规则·前言》，刘仲涛等译，电子工业出版社，2014 年版，第 XXI 页。

第三节　视听主流媒体融入元宇宙的趋势[①]

当下，元宇宙通常被认为是整合多种智能技术而产生的新型虚实相融的互联网应用和社会形态，构建了一个平行于现实时空的真实数字虚拟时空。对视听主流媒体而言，元宇宙是智媒生态发展新阶段，本质仍然是媒介融合的深入发展。视听主流媒体对元宇宙融合理念的创新应用，应基于 5G 技术、大数据技术、区块链技术、云计算技术等新闻信息生成传播技术框架的构建，尤其是"中国广电"移动通信网络的成立，与有线网络相结合，立足于"全国一张网，全程全网"的视听主流智慧网络发展，从信息价值挖掘、自有 PUGC（专业生成＋用户生成）平台搭建、场景化多模式传播、跨时空关系构建和自有内容沉浸聚合入手，推动智媒生态下主流媒体与元宇宙的融合。

一、多层级信息价值挖掘：从视听新闻报道到视听信息重构

智媒生态下，多层级视听信息价值挖掘是视听主流媒体发展的基础。多元视听信息指数级涌现，使得视听内容传播更为复杂化，具有易变性、不确定性、复杂性、模糊性，视听信息传播所构建的确实有据的拟态环境向变动不居的乌卡环境（VUCA）[②]转变，信息本质上是消除不确定性，元宇宙形成的虚拟时空融入现实时空，增加了信息交互的复杂性，这需要主流媒体基于真实信息围绕用户的多元化需求进行多层级信息价值挖掘。

随着智媒生态朝着元宇宙阶段的发展，视听主流媒体的内容和形式应随之变化，从延时新闻生产播报到实时信息聚合扩散，用户不局限于原有的告知需求，更倾向于通过信息的多元重构，体现信息独特的价值，从而提升用户对周

[①] 本部分内容曾以《智媒生态下主流媒体融合元宇宙的着力点》为题，发表于《现代视听》2022 年第 1 期，此次出版时有修改。

[②] 乌卡时代（VUCA）一词 20 世纪 90 年代起源于美军方，即 Volatile（易变不稳定）、Uncertain（不确定）、Complex（复杂）、Ambiguous（模糊）的简称，被用于概括智媒互联网发展的新特征。

围复杂环境了解认知的准确程度。视听主流媒体不仅要提供面向广泛受众视听新闻报道,还要通过区块链(智能合约等功能)制作符合用户个性需求的信息产品,以信息的不可篡改性和可追溯性贯穿于现实和虚拟时空,为用户提供独特的价值体验。视听信息重构不是所有信息(包括相互矛盾的信息、同质的信息)单纯组合,而是通过大数据技术分析、AI技术筛选、云计算技术推荐等,形成基于区块链技术信任的实时信息重构服务,嵌入元宇宙所形成的虚实交融时空。

宏观上,信息传播本身带有意识形态的功能,对社会主流价值观的引导是视听主流媒体新闻信息传播的落脚点。视听主流媒体应形成大众视听新闻报道和个性化信息服务相结合的视听信息重构格局:一方面可以通过客观报道,形成正确舆论导向,树立社会主流意识形态在虚实时空的核心地位,避免谣言、流言,维护社会的稳定,体现其视听信息重构的社会职责担当;另一方面可以通过个体用户在虚实两种时空的视听需求与个性化信息服务相融合,使得用户能够从不同视角更好地了解新闻事件、新闻人物等,形成正向的意见指向,树立正确的价值观,避免非理性情绪的蔓延,造成负面影响。

微观上,视听信息实时多元交互已成常态化,视听主流媒体应提供契合智媒生态的多层次、多链接的实时节点信息服务,适应虚拟时空和现实时空立体化信息扩散的发展趋向,在更多不确定信息中为用户提供真实可靠的信息,消除用户在两种时空中的信息冗余或冲突焦虑,更好地体现人文关怀。

进一步而言,视听主流媒体可以进一步将以上宏观和微观层面的视听信息重构深度融合,通过现实时空和虚拟时空的实时信息交互,升华视听信息弥散对用户和社会带来的影响,凸显其在两种平行时空统合中作为关键信息节点的标杆作用。视听主流媒体还应着力打造功能更加强大的主流媒体融合传播网,促进物联网跨越式发展,支撑元宇宙低时延、高可靠性、多终端传输,提升传播效率,巩固广电舆论宣传主渠道、主阵地的地位。① 简而言之,主流媒体应当为用户确定现实和虚拟两种时空中信息交互的价值,以及为用户获取信息的体验提供关键依据。

---

① 薛静宜:《元宇宙在广电行业的探索与应用》,《广播电视网络》,2021年第10期。

二、自有 PUGC 平台搭建：从功能叠加到技术融合

自有 PUGC 平台搭建是视听主流媒体在智媒生态下发展的创新前提。元宇宙必然依托于平台，Facebook 改为 Meta 元宇宙的底气来自自有平台，所有的功能技术需要在这一平台才能展示功能。智媒生态下，各种媒介功能不断被叠加在一起，如报纸（手机报、网络版）、广播（收音机、网络台）、电视（电视机、网络台）也要具有视频功能、音频功能等，媒介彼此间的界限持续模糊化。这样做并没有为其加分，单一媒介不断通过数字化平台实现多功能叠加，客观上是为了强化自身在智媒生态中的影响力，但实际上是以放弃了自身的独特性优势为代价，造成了主流媒体单一化倾向。这虽然在一定程度上短时期会缓解新兴社交媒体等信息交互扩散带来的压力，但实际情况是，主流媒体将湮没在微信、微博或抖音、快手等平台上，自身仅成为一个"平台账号"的存在，我们看到一个恶性循环的发生：做得越好，越是为这些平台博眼球、挣流量，将用户引向平台，而不是制作内容的媒介，本身成为超级平台的内容生产者。

"中国广电"移动通信运营商的成立为解决对超级平台的依赖问题提供了技术融合发展新的思路。视听主流媒体应该主动在"中国广电"网络之上，与智媒生态的平台建设相契合，驱动现实时空和虚拟时空的融合，建立扁平化的新闻生产编辑流程，将专业生成和用户生成相结合，构建以区块链为信息生产传播的底层基础构架，主动运用人工智能、大数据技术等对新闻信息生产流程的协同介入，让新闻信息服务生产的决策、执行、传播的整个过程以更扁平化、更透明的方式在两个时空中同步呈现，鼓励新闻生产中编辑部对多种智媒技术的融合运用，降低用户参与平台生产传播的难度，以多传播链条、局部散发和小规模聚集性，实现与多元用户间的直接交互技术的融合开发，推动信息生产技术融合创新，构建主流媒体自有超级平台技术，运用于不同层级的视听信息重构和传播。换言之，智媒生态下，视听主流媒体应与从现有超级平台的功能叠加呈现转向技术融合驱动的自有超级 PUGC（专业生成+用户生成）平台构建。

视听主流媒体只有拥有自有知识产权的超级平台，才能真正实现智媒技术融合赋能，适应元宇宙阶段的智媒生态变化，促进自身作为内容生产者的价值

最大化，运用人工智能、区块链、云计算、XR、大数据等技术融合，自身成为虚拟空间和现实空间中聚合各种信息的平台，并在此基础上打造一个基于万物互联的智媒信息内容生产技术体系，增加它作为信息传播内容生产者的独立性，不断地增强智媒生态传播的覆盖率和影响力，改变现有的商业超级平台垄断格局，体现主流媒体服务社会公众的本质。

元宇宙作为下一代互联网形态，是各种智媒技术融合的呈现。视听主流媒体作为元宇宙的有机部分，应从被动地依赖于超级平台的功能叠加，到主动地运用智媒生态的技术融合，融合扩展VR（虚拟现实）、AR（增强现实）、MR（混合现实）等技术，提供XR（扩展虚拟现实）技术支撑的虚拟沉浸式体验，融合数字孪生技术生成与现实时空相平行的镜像虚拟时空，融合区块链技术搭建经济体系，形成数字资产、数字身份的认证机制，贯穿虚拟时空和现实时空，融合AI技术生成用户自身虚拟角色参与社交关系的构建和维系，融合云计算技术和大数据技术，进一步满足用户特定场景的信息交互需求，创新构建自身超级平台，充分发挥视听主流媒体自有的有线网络和无线网络的功能，形成独特的技术融合优势。

三、场景化多模式传播：从媒介依赖到云网协同

智媒生态下，创新应用场景多模式传播是视听主流媒体发展的关键。所有的媒介进行数字化融合的同时，也将所有视听内容进行了数字化，从而为场景化多模式传播提供了渠道和内容支撑。喻国明认为，"元宇宙是集成与融合现在与未来全部数字技术于一体的终极数字媒介，它将实现现实世界和虚拟世界连接革命，进而成为超越现实世界的、更高维度的新型世界。本质上，元宇宙描绘和构造了未来社会的愿景形态"[①]。而元宇宙阶段的智媒生态中虚拟场景和现实场景相融合，用户穿越于这两种场景，突破视听信息传播对单一的媒介依赖，意味着不再仅通过一种媒介模式进行视听内容传播，而是通过云网协同，将各具特色、界限分明的媒介纳入到自有的"中国广电"和超级平台中。在这里，看电视、听广播、浏览网站、刷抖音短视频等可以自由切换，形成同

---

① 喻国明、耿晓梦：《何以"元宇宙"：媒介化社会的未来生态图景》，《新疆师范大学学报（哲学社会科学版）》，2021年第6期。

主题、多形式、自选择的媒介场景化信息传播，优化新闻信息生成与扩散的流程。主流媒体可从以下四个方面入手进行云网协同，实现场景化多模式传播：

首先，视听主流媒体要形成各具特色、使用便捷的媒介应用 App，设计便于用户在虚实时空识别的高标识度媒介标识，在公有云、私有云、混合云等云端存储不同的信息内容，设置不同的标签和获取路径方法，通过智能微传感器、微执行器等实时链接虚实两个时空，满足用户个性化的信息需求。

其次，视听主流媒体将各种媒介特定的应用 App 聚合，构建媒介矩阵，形成无缝隙的智媒传播网络，遵循数字逻辑将不同媒介的连接与特定内容的传播交互相关联，从而为新闻信息与全方位虚实场景相契合提供专业系统的支持。

再次，视听主流媒体从硬件为主体的封闭和刚性架构向软件化、虚拟化、服务化的方向发展，重点为虚实时空中的用户提供丰富的垂直信息服务，用微服务来满足用户多元化的信息需求，将 SaaS（软件即服务）、PaaS（平台即服务）、FaaS（功能即服务）等融入云网协同服务中，增加用户在虚实时空中的视听内容交互的嵌入性和便捷性。

最后，视听主流媒体需将私有云与公有云相混合集成，形成混合云服务，将用户数据与信息数据重构相契合，与有线网、无线网相融合，以 5G 或 6G 技术赋能将中心移动云能力不断下沉，促成多元媒介与个性化信息相融合，灵活满足用户多元化的视听信息需求，最终形成多元场景化传播模式。当越来越多的信息与服务依赖场景这一变量时，场景也就成为信息、关系与服务的核心逻辑，并成为上述要素连接的纽带，进而成为新入口。[①] 从元宇宙的视角来看，视听主流媒体不再向受众进行单向信息输入，而是让受众拥有主动改造虚拟环境的创作工具，甚至不一定需要依赖特定界面，而是直接运用思维操控，将"网络+云计算+应用"三个要素相结合，融为一个虚拟和现实时空相融合的场景，并贯穿以 5G、6G 技术，以云网协同在多元场景化传播中形成新闻信息传播的智能新生态，推动用户在两种平行空间中的无障碍切换，并可以重复进入个性化场景之中，实现新闻信息多模式传播呈现，增强用户认知互动的场

---

① "红色数据线"：《对〈如何理解互联网进入了场景时代？其中的"场景"该如何理解？〉问题的回答》，https://www.zhihu.com/question/28337838/answer/86696005。

景化体验。

四、跨时空关系构建：从真实交流到虚实关联

用户在虚实时空的对话交互是基本需求，关系构建转向是视听主流媒体在智媒生态发展的核心所在。元宇宙本身具有跨时空性，打破了原有现实和虚拟时空的界限，以 5G 通信网络、VR、AR、XR 为代表的终端虚拟交互技术，以及边缘计算和智能计算中心的建设和发展，必将会带来新的跨时空关系构建。智媒生态下的用户以数字身份参与虚实融合数字社会的关系构建。视听信息弥散于虚实时空之中，本身亦能转化为数字，可被建构、储存、复制、分发、重现，以满足与用户视听交互的需要。用户已经习惯于运用各种微传感器、微执行器等智能终端，进行实时在线的信息交互。无论从时效性还是触达性上，视听主流媒体都需要主动适应这一变化，运用智媒技术不断地延伸现实时空的真实交流，同时构建与之平行的虚拟时空的信息交互，形成围绕用户关系的虚实关联场景。

基于互联网的发展和技术迭代的支撑，元宇宙通过沉浸感、参与度、永续性等特性的升级，并激发多元主体采用诸多独立工具、平台、基础设施、各主体间的协同协议等来支持元宇宙的运行与发展。[①] 在这一过程中，视听主流媒体可以运用互动视频、VR 视频等提供给用户极致的价值体验。

智媒生态下，用户对信息的获取变得更为复杂，面对着不断迭代升级智能技术，视听主流媒体从视听新闻报道、视听服务到用户体验，不仅在传播新闻信息，更是在促进媒体与用户间、用户间的建立关系持续发展，通过 R－tech（关系技术）实现主流媒体和用户关系的共同进化，以物联网技术、VR/AR 技术，驱动产品思维转向关系思维，运用数据智能实现与用户的直接互联互通。

进而言之，智媒生态下视听主流媒体构建关系的本质在于触发信任情感，从而赋予视听新闻报道以人情味。随着智媒生活日常化，日常生活智媒化，用户使用时间无缝衔接，催生出新的社交关系，用户的参与度增加，能创造出丰

---

① 喻国明：《未来媒介的进化逻辑："人的连接"的迭代、重组与升维——从"场景时代"到"元宇宙"再到"心世界"的未来》，《新闻界》，2021 年第 10 期。

富多样的视听内容,视听主流媒体的视听新闻报道,不仅告知用户什么是真实的信息,什么是重要的信息,而且在情感上通过虚实关系构建,使用户沉浸其中,主动进行视听内容创作,易于在传播上达成一种情感上的共鸣。

从元宇宙视角看,视听主流媒体应当将虚拟时空和现实时空不断切换身份的用户作为视听信息传播的对象,主动引导各种社会关系的跨时空集合体的交互,通过 R-tech 和视听信息重构,逐渐促成道德准则、信息分配逻辑等复杂关系的达成,搭建起以用户为中心的虚实关联场景。视听主流媒体应该成为这一关联场景的有效连接者,体现视听信息交互的公共性和社会性,丰富用户的情感关联,进一步消除用户线上和线下生活的界限。

五、自有平台内容沉浸聚合:从长视频为主到长短视频兼容

自有平台内容沉浸聚合是视听主流媒体在智媒生态下发展的重点。智媒生态下,以表征、理解和解释世界的方式越来越呈现出感性图像化的特征。从视听主流媒体的优势入手,内容沉浸聚合的重点应在长短视频的兼容创新,以直观感性的情感表达、4D 全方位代入感,实现视听内容的升华。我国主流媒体做专业的长视频,极大地满足了用户的视听需求。但是,随着视听内容的增加,用户的精力相对有限,加之视听场景碎片化,几十分钟的长视频难以获得用户全程观看。研究数据显示,智媒生态下,短视频成为用户获取信息的重要形式。2021 年 3 月,短视频应用的人均单日使用时长为 125 分钟,较长视频高出 27 分钟,且差距呈增长趋势[①]。十几秒到五分钟左右的短视频成为用户主要消费的信息产品之一,截至 2021 年 6 月,我国网络视频用户规模达 9.44 亿,其中短视频用户规模为 8.88 亿,占网民整体的 87.8%,[②] 吸引了大量的流量,也使得微信等超级平台纷纷做起自己的短视频服务,成功实现了"用他人的产品增加自己的流量"。主流媒体则在这些超级平台上进行长短视频的内容聚合探索,如在微信视频和直播栏目开设的"央视频"短视频,"央影传媒"的 24 小时观影的长视频等,实时有"10 万+"以上的观影用户。但是,缺少自有平台内容沉浸聚合,未能实现最佳的传播力和影响力。

---

① 数据来源:中国网络视听节目服务协会《2021 中国网络视听发展研究报告》,2021 年 6 月。
② 数据来源:《第 48 次中国互联网络发展报告》,2021 年 8 月。

学者彭兰认为，"自互联网普及以来，一波又一波数字技术浪潮的涌动，不仅带来了传媒业态与市场格局的深刻变革，也在底层引发了人—内容—媒介之间的关系变革甚至重构"①。视听主流媒体拥有视听内容资源优势，应主动改变"专注做长视频内容""利用其他平台进行传播"的阶段，构建并利用自有平台实现长短视频沉浸聚合。一方面继续做专业化的长视频内容，重在将新闻报道做成精品；另一方面做十几秒左右的连续性短视频内容，重在对关键信息的呈现。长视频可以集中提供给用户完整的新闻信息内容，短视频则可以增强信息传播的动态性，以精简的视听内容向用户提供最为核心或最重要的部分。短视频既可以是独立成章，也可以是对长视频的精简版，而实现场景化沉浸是长短视频内容兼容的重要环节。

视听主流媒体依托5G（或6G）＋无线网络，利用云计算、VR（虚拟现实）、大数据等各种智媒技术充分实现内容资源在自有平台上的多元内容聚合，将长短视频内容融入底层架构中，增加用户的参与感，打破"我制作，你刷看"的局限性，主动将用户创作和用户编辑纳入其中；将重点事件视听新闻报道与用户社交视听信息相结合，增加用户视觉、听觉和触觉的融合体验，从而提升长短视频的动态性和接近性，提升主流媒体的传播力、影响力和引导力。

同时，虚拟仿真技术的发展，使媒介对人的延伸可以摆脱屏幕的束缚，并且模拟出更深程度的视觉、听觉、触觉乃至各种感官的整合性体验，甚至有可能延伸出人的其他感官。②在虚实关联的双重时空中，视听主流媒体应开发自有编辑技术工具，将长短视频兼容与XR技术相结合，实现虚拟时空和现实时空视听内容的再现融合，引入易于便携的可穿戴视听设备，实现长短视频数字流与可穿戴VR等设备的结合，突破二维呈现，以多维度感官共振，将现实与虚拟视听立体交织，互相赋能，构建以人机交互的沉浸式环境，以"视听内容＋虚实联动"，提升用户对长短视频内容的沉浸式体验。

总之，作为智媒生态下一个发展阶段，元宇宙目前正处在不断布局和规模化投入时期，涉及底层智能技术建设、前端设备日常化普及、场景内容分析等方面。视听主流媒体应积极应对，确定自身在这一智媒生态新阶段融合发展的

---

① 彭兰：《数字技术打开媒介无限想象空间》，《中国社会科学报》，2021年11月2日。
② 马梅、梁伟：《智能与沉浸：两种媒介技术的作用逻辑与实践路径》，《传媒观察》，2021年第11期。

着力点，基于 VR、XR、人工智能、数字孪生、区块链及云技术和大数据技术，定位在虚拟和现实两种平行时空的发展交叉点和差异点，进行信息重构价值挖掘，实现场景化多模式传播，充分利用 5G（或 6G）+无线网络和有线网络，主动搭建符合自身媒介特色及定位的自有 PUGC（专业生成+用户生成）平台，构建跨时空用户关系，兼容长视频沉浸聚合视听内容，为社会数字化转型赋能，发展与元宇宙技术运用媒介共生的智媒生态链，勾画出未来数字化生存愿景，从而实现视听主流媒体在智媒生态中的良性发展。

结　语

当前，随着新媒介视听技术的发展，新视听应用 App 层出不穷，不断嵌入人们日常生活学习、娱乐休闲中，"媒介生活日常化，日常生活媒介化"，人们沉溺在视听洪流之中，以数字化基因为基础的媒体融合正在视听主流媒体领域催发颠覆性的变革。微博、微信、客户端、网站及第三方平台等正在构建起一个新的视听传播生态，微型传感器、云计算、大数据、AR、VR 等视听技术，正在改变着视听主流媒体的视听传播形态，提升了用户的视听体验。无线网络、移动媒介等使得用户实时在线、即时互动、无缝传播成为可能，以视听主流媒体为核心的传统视听格局正在发生深刻变化。

在我国，政府政策引导、用户精神文化生活需求、市场或资本的推动，三种力量共同推动着视听主流媒体的融合发展。在这一过程中，视听主流媒体逐渐失去了视听的绝对控制权，积极主动的多元化用户、强势商业资本支持的视频网站和视听应用平台不断地促成新的视听传播格局发展和形成，视听内容创作和视听平台建构成为智媒生态下视听主流媒体发展的两个引擎。这需要改变以视听主流媒体为中心的传播理念，形成以用户为中心的传播理念。视听主流媒体不仅要做好内容，还要做好平台；不仅要做强传统的电视屏，更要做大新兴的移动屏。视听主流媒体要做好官方标配的"两微一端一网站"，加强同第三方平台的合作，强化用户个体间的互动、用户群体间的互动、用户与媒体之间的互动等，充分利用大数据，形成智能场景的视听传播，探索智媒生态下的视听盈利模式，鼓励创新为主的全媒体平台构建，利用社交关系网络提升用户对视听主流媒体的认知度，扩大视听主流媒体的影响力。

目前，视听主流媒体要形成融合思维、互联网思维已经成为共识。视听主流媒体担负着传播主流价值观、提供优质的视听内容，满足人们日益增长的对美好生活的向往的重要职责。视听主流媒体要不断积极探索媒体融合的方法和途径，建立融媒体中心，打通各频道间的视听资源共享渠道，充分整合省级视听主流、地方视听主流的视听资源。

视听主流媒体的创新发展，需要充分运用媒体融合思维。媒体融合思维是开放的思维，是在不断融合各类新视听平台的基础上，共同构建新的大视听媒体生态。这一生态下，视听的重点不是以媒体为中心，而是在于以用户为中心的视听资源的聚合。当下，媒体融合正在进一步深化发展，区块链技术、数字孪生技术等在不断推动视听主流媒体的发展，智能视听媒体生态正在形成，多元化的视听传播主体丰富了视听内容、视听形式和渠道平台，尤其是随着元宇宙等概念的提出，一定程度上物理与虚拟两个平时时空被智能化关联，扩展了视听主流媒体创新的想象力。无处不在、实时在线、处处连接的视听媒体传播，使得用户沉浸其中。

智媒生态下，媒体融合思维的本质在于视听主流媒体对各种媒介及技术创新运用所构建的全新智媒视听生态，这不同于传统单一机构的视听媒体，而是一种全天候、无缝隙的视听生态体系的有机构成部分。无论是长视频还是短视频，都在不断地强化与用户的融合。随着智媒生态的进一步发展，用户主动生成视听内容以及相互智能交互成为常态，换言之，视听主流媒体对视听内容生产、传播不再具有垄断性，诸如抖音、快手等平台上充满了多元化个体的视听作品。虽然这些作品制作水平参差不齐，质量良莠不齐，但正如人们日常的交流，视听传播已经成为人们彼此进行关系连接、关系交互的重要形式，人们以视听节点的形式连接彼此，构建起立体化的智能视听网络。视听主流媒体成为这一网络中的一个巨大的节点，智媒技术嵌入其中，分散着人们的注意力。由此，视听主流媒体不仅仅是做视听内容的生产者、传播者，更是要做用户关系的连接者、多元视听内容的呈现者、视听信息价值的挖掘者、视听舆论的引导者。

当下，智媒技术的发展在不断丰富着视听传播的内涵和价值意义。基于智媒生态下视听主流媒体发展进行相关的研究，重点在于对其发展现状和趋向的探讨。智媒技术的发展和创新更为迅速，基于摩尔定律，历次的技术发展的间隔将更短，而发生变化的范畴更为广泛。目前出版的各种蓝皮书及业界和学界的研讨会中，逐渐称之为"视听媒体"，体现出智媒生态下视听格局的变化，正如"受众"的概念取代"观众、听众",而"用户"又逐渐取代"受众"一样。这不仅仅是概念上的变化,更是视听传播媒介生态变化的重要表现。施拉姆曾提出使用与满足理论,强调受众主动选择视听内容,满足特定视听需求,媒体与受众之间有着明确的生产传播者和消费受传者的界限。而智媒生态下,用户不再满足于已有视听内容的选择和使用,而是主动介入视听内容生产、传播过程中,各类个性化的视听内容不断在各种社交平台扩散,"10万+"及以上的观看和转发可以形成一定的规模影响,这不同于广播时代晚上6点的评书联播,也不同于电视时代《渴望》《西游记》的热播,智媒时代视听主流媒体需要在立体化视听网络中重新寻找定位,与视听创作与传播主体一同满足用户多元化的视听需求。2022年字节跳动旗下的抖音日活量超8亿,大量的用户活跃于抖音、快手等平台,在各种社交平台进行着视听内容的创作与传播,与此同时,传统视听主流媒体(各级广电媒体)也构建起主流媒介矩阵。面对持续快速更迭的视听主流媒体智能生态,如何将用户吸引到这一特定的视听圈子,契合社会发展主旋律,满足人们日益多元化的视听需求,是当下视听主流媒体发展的关键所在。当前,元宇宙作为媒体融合深入发展的新阶段,为视听主流媒体运用VR、AI、数字孪生等智能技术的创新发展提供了新方向。虚拟主持人等运用于视听传播过程,在虚实交互的新视听时空中,正在引发智媒生态下视听主流媒体颠覆性的变革,打造智慧视听媒体,建设智慧视听网络。

参考书目

［荷］丹尼斯·麦奎尔、斯文·温德尔：《大众传播模式论（第 2 版）》，祝建华译，上海译文出版社，2008 年版。

［荷］丹尼斯·麦奎尔：《受众分析》，刘燕南、李颖、杨振荣译，中国人民大学出版社，2006 年版。

［加］哈罗德·伊尼斯：《传播的偏向》，何道宽译，中国人民大学出版社，2003 年版。

［加］马歇尔·麦克卢汉：《媒介与文明》，何道宽译，机械工业出版社，2016 年版。

［加］马歇尔·麦克卢汉：《谷登堡星汉璀璨》，杨晨光译，北京理工大学出版社，2014 年版。

［美］凯文·凯利：《技术元素》，张行舟、余倩等译，电子工业出版社，2012 年版。

［美］Nathan Yau：《鲜活的数据：数据可视化指南》，向怡宁译，人民邮电出版社，2012 年版。

［美］保罗·莱文森：《莱文森精粹》，何道宽编译，中国人民大学出版社，2007 年版。

［美］戴维·波普诺：《社会学（第 11 版）》，李强等译，中国人民大学出版社，2007 年版。

［美］菲斯克：《电视文化》，祁阿红、张鲲译，商务印书馆，2005 年版。

［美］杰克·富勒：《信息时代的新闻价值观》，展江译，新华出版社，1999 年版。

［美］凯文·凯利：《新经济，新规则》，刘仲涛、康欣叶、侯煜译，电子工业出版社，2014年版。

［美］迈克尔·舒德森：《新闻社会学》，徐桂权译，华夏出版社，2010年版。

［美］尼尔·波兹曼：《娱乐至死》，章艳译，广西师范大学出版社，2008年版。

［美］尼葛洛庞蒂：《数字化生存》，胡泳、范海燕译，海南出版社，1997年版。

［美］尼古拉斯·克里斯塔基斯、詹姆斯·富勒：《大连接》，简学译，北京联合出版公司，2017年版。

［美］托马斯·弗里德曼：《世界是平的》，何帆、肖莹莹、郝正非译，湖南科技科学技术出版社，2006年版。

［美］威尔伯·施拉姆、威廉·波特：《传播学概论（第二版）》，何道宽译，中国人民大学出版社，2010年版。

［美］约书亚·梅罗维茨：《消失的地域：电子媒介对社会行为的影响》，肖志军译，清华大学出版社，2002年版。

《马克思恩格斯全集（第3卷）》，人民出版社，1960年版。

陈国权：《报业转型新战略》，新华出版社，2014年版。

弓璇：《影响力》，上海科学普及出版社，2012年版。

胡百精：《共识与秩序：中国传播思想史》，中国人民大学出版社，2022年版。

胡智锋：《理念与路径：胡智锋自选集》，中国国际广播出版社，2022年版。

蒋晓丽：《连接与互动——新媒体新论》，中国社会科学出版社，2016年版。

李沁：《沉浸传播：第三媒介时代的传播范式》，清华大学出版社，2013年版。

彭兰：《新媒体用户研究：节点化、媒介化、赛博格化的人》，中国人民大学出版社，2020年版。

任仲文：《区块链——领导干部读本》，人民出版社，2018年版。

吴声：《场景革命：重构人与商业的连接》，机械工业出版社，2015年版。

谢新洲：《媒介经营与管理》，北京大学出版社，2011年版。

喻国明：《媒介革命：互联网逻辑下传媒业发展的关键与进路》，人民日报出版社，2015年版。

喻国明：《元宇宙与未来媒介》，人民邮电出版社，2022年版。

赵大伟：《互联网思维：独孤九剑》，中信出版社，2014年版。

周鸿祎：《周鸿祎自述：我的互联网方法论》，中信出版社，2014年版。

后记：拥抱智能新趋势

麦克卢汉曾借乔伊斯的《芬尼根的守灵夜》指出，"一切社会变化都是新技术的效应，新技术对我们感知生活的秩序产生影响"[①]。当下，随着互联网、AI、区块链、云计算、VR等技术的不断发展，各种微传感器、微处理器等成为视听媒体传播的标配，智媒生态逐渐构建起来。它以0和1为基因，拥有了强大的融合力量，智媒技术持续创造着新的视听传播可能，视听主流媒体的发展被裹挟其中。

正如凯文·凯利所言，技术带来的是"当前世界中最重要的变化，即'变化发生方式的变化'"[②]。局部线性发展、界限分明、单向度、垄断性媒介所主导形成的媒体生态被打破了，视听主流媒体面对的是跨区域非线性发展、多向度、分享性低门槛智能技术媒介所主导的超出想象的新洞见、新潜能、新延伸的智媒生态。

首先，视听传播深刻地嵌入日常生活中，以即时无缝在线的方式成为人们获取信息、休闲娱乐的重要来源，各种感官被充分调动起来，技术智能化使人们可以更便捷地接触和体验到丰富多元的视听内容。

其次，人们逐渐从电视机前走开，沉浸到各种智能端、智能屏中，各种视听软件App及编程编码与智能手机、平板电脑等智能端相契合，成为接收各种视听内容的多元化媒介。

再次，媒介间的界限逐渐消失，形成了以智能平台硬件和软件融合为主体的多元化大视听媒体格局，而媒介软硬件迭代升级，也促成了视听传播媒介环

---

① 马歇尔·麦克卢汉：《媒介与文明》，何道宽译，机械工业出版社，2016年版，第2页。
② 凯文·凯利：《技术元素》，张行舟、余倩等译，电子工业出版社，2012年版，第56页。

境的融合进化。

最后，虚实相生、虚实互依的平行元宇宙开始构建，AI、区块链、VR/XR、云计算等技术起到基础作用，视听传播与视听体验成为其构建的重要有机部分，2021年年末柳叶熙元宇宙的初次尝试，引发了广泛关注，在不同场景中虚拟数字人的打造应用成为热点，而这仅仅是起点。2022年11月30日美国OpenAI发布ChatGPT，随后火爆全球，不仅可以智能聊天，还可以智能撰写视频脚本、文案，驱动AIGC进入新的发展阶段。

与此同时，草根个体和群体、专业机构和人士以及深度学习的智能机器人等都可以尝试成为视听内容的生产者和传播者，而运用智能技术的算法不断"傻瓜化"，更便于人们不假思索地使用。视听主流媒体需要频繁地依赖智能技术调整自身，以适应智媒生态下视听传播发展的智能新趋势。

我们可以从不同的视角，归纳出视听主流媒体所要适应的不同智能新趋势：从技术上看，视听主流媒体要适应智能技术发展的"形成（Becoming）、知化（Cognifying）、流动（Flowing）、屏读（Screening）、使用（Accessing）、共享（Sharing）、过滤（Filtering）、重混（Remixing）、互动（Interacting）、追踪（Tracking）、提问（Questioning）以及开始（Beginning）"[①] 等趋势的推动；从思维上看，视听主流媒体需要契合用户思维、迭代思维、流量思维、社会化思维、平台思维、跨界思维、大数据思维、简约思维、极致思维[②]的趋势；从运营上看，视听主流媒体需要迎合智媒生态下用户互动日常化、视听信息碎片化、视听传播智能化、视听媒体社交化、视听终端多样化、用户视听需求多元化等的趋势；从内容上看，视听主流媒体要关注视听内容数据可视化、视听内容服务化、视听内容多形态化（长视频、短视频、多平台直播或点播）、视听内容社交化等趋势……

这些不同视角殊途同归，归根到底需要视听主流媒体在自身中注入比特基因，发掘智能技术可能，引导用户、生产者、消费者之间关系良性发展，定位并发挥自身在智媒生态中关键节点的作用，以我为主逐渐整合多元智能技术，实现从0到1的蜕变，从而促进自身整体有机发展，促成自我维持、自我创新

---

① 凯文·凯利：《必然》，周峰、董理、金阳译，电子工业出版社，2018年版，第XI页。
② 参见赵大伟：《互联网思维：独孤九剑》，中信出版社，2014年版。

的大视听媒体系统的形成。

当前，国内的视听主流媒体应努力适应智媒生态的变化趋势，从"全省一张网"到"全国一张网"，逐渐实现智能视听媒体网络大融合。这既要有智媒技术发展的本能推动，也要有主流媒体自身生存发展的动机驱动，更要有国家的政策支持，不断探索具有中国特色的视听主流媒体发展路径，而这并非硬软件技术设备的引进安装，或几家不同媒体的兼并融合就可以完成的。

马化腾有一句在业内广为流传的话："巨人稍微没跟上形势，就可能倒下。巨人倒下时，体温还是暖的。"[1] 而周鸿祎说得更直接，"没有人能打败趋势。……趋势一旦爆发，就不会是一个线性的发展，它会积蓄力量，最后突然爆发出雪崩效应，任何不愿意改变的力量都会在雪崩面前被毁灭，被市场边缘化"[2]。这些年关注媒体发展的业界人士和专家都深有感触。

因此，视听主流媒体发展有赖于我们对智媒体生态新环境性质的认识，关键是对智能新趋势的准确捕捉，从视听内容生产、视听文化构建、视听形态转变等方面主动拥抱智能新趋势——在趋势面前，一切不能与之相向而行的做法都注定一败涂地，而在风口，"猪也会飞上天"。

高宪春

2022年12月云龙湖畔

---

[1] 张意轩整理：《马化腾：巨人倒下时体温还是暖的（感言）》，《人民日报》，2015年11月25日第10版。

[2] 周鸿祎：《周鸿祎自述：我的互联网方法论》，中信出版社，2014年版，第6页。